Inge Koch

Fischküche für Angler

Heimische Fische lecker zubereiten

KOSMOS

INHALT

VORBEREITUNG

ZUBEREITUNG

REZEPTE/SÜSSWASSER

Am Anfang steht das Säubern. Ausnehmen und filetieren will gelernt sein

Gutes Zubehör macht das Braten, Kochen und Einlegen leichter

Der Karpfen gehört mit Hecht und Zander zu den Stars im Süßwasser

REZEPTE/SALMONIDEN

REZEPTE/SALZWASSER

REZEPTE/SONSTIGE

Salmoniden sind so lecker, dass wir ihnen ein eigenes Kapitel gewidmet haben

Meeresfische sind nicht nur schmackhaft, sondern auch besonders gesund

Foto: C. Johansson

Obst und Gemüse gelten gemeinhin als gesund. Sind sie auch. Dass aber auch Fisch für eine gesunde Ernährung unentbehrlich ist, wissen nur wenige.

Prädikat besonders wertvoll

Fische schmecken nicht nur gut, sie gehören nach Einschätzung unseres Experten Dr. Peter Wondrak auch aus anderen Gründen unbedingt auf den Speiseplan. Denn Fisch hält gesund!

Rund 15 Kilo Fisch werden pro Kopf und Jahr in Deutschland verzehrt. Das ist vergleichsweise wenig, Spitzenreiter ist Irland mit rund 100 kg pro Kopf im Durchschnitt. Dabei ist alles mitgerechnet, vom Seefisch über Marinaden und Räucherware bis zum Fisch aus Fluss und Teich.

Da Fisch im Handel relativ teuer ist, verwundert es nicht, dass viele Nichtangler sich diese Delikatesse nicht leisten (können). 60 Prozent der verkauften Fische in Deutschland landen in Haushalten mit mehr als 4.000 € Monatseinkommen. 2-Personen-Haushalte zählen zu den stärksten Fischkonsumenten. Der Fischkonsum ist offensichtlich auch an eine gewisse Altersweisheit beziehungsweise an ein wachsendes Gesundheitsbewusstsein gekoppelt, denn Menschen zwischen 50 und 64 Jahren verzehren am meisten Fisch. Danach folgen die über 65-Jährigen, Jugendliche essen kaum Fisch.

Wir Angler gehören zu den Menschen in Deutschland, die weit mehr als die genannten 15 Kilo Fisch im Jahr zu sich nehmen. Auch wer nicht selbst erfolgreich angelt, sollte sich regelmäßig mit frischem Fisch versorgen, und zwar möglichst direkt vom Erzeuger. Nur frischer Fisch ist nämlich besonders wertvoll. Etwa 2500 registrierte Forellenzüchter und 5000 Karpfenteichwirte helfen aus, so dass wir immer ge- ▶

nügend Süßwasserfisch im Angebot finden.

Hoher Nährwert, wenig Fett

Unsere Süßwasserfische von Aal bis Zander sind aber nicht nur eine besonders schmackhafte Speise, sie sind auch überaus bekömmlich, enthalten wertvolle Inhaltsstoffe und belasten unseren Organismus wenig. Fische sind auch von den Lebensmittelskandalen der Vergangenheit verschont geblieben.
Es ist nicht zu befürchten, dass Fische Krankheiten übertragen. Werden beim Fang, der Verarbeitung und der Zubereitung die Hygienevorschriften eingehalten (zum Beispiel durch das Abtrennen der Bauchlappen, die bei Meeresfischen Parasiten enthalten können), gibt es keinerlei Probleme.
Die Fischarten unterscheiden sich deutlich in ihrem Eiweiß-, Fett-, Wasser- und Mineralstoffgehalt. Auch der Energiegehalt ist sehr unterschiedlich und hängt wesentlich vom Fettgehalt ab.
Fische haben im Durchschnitt nur halb so viele Kalorien wie mageres Schweinefleisch. Magerfische schlagen mit ca. 80 kcal/100g, Fettfische mit ca. 200 kcal/100g zu Buche.
Hervorzuheben sind die Gehalte an Phosphor, Kalium und Magnesium. Unter den Spurenelementen sind Eisen, Mangan und Selen zu nennen. Fischfleisch ist außerdem relativ natriumarm, Meeresfische enthalten bis 0,5mg Jod/100g. Süßwasserfische besitzen im Durchschnitt 18% Rohprotein in der Muskulatur. Dieses Eiweiß ist von besonders hoher Wertigkeit, vor allem, wenn die Fische sehr frisch verzehrt werden können.
Fische mit einem Fettgehalt unter 10 Prozent bezeichnen wir als Magerfische. Kabeljau, Dorsch, Scholle Schleie und Hecht beispielsweise haben Fettgehalte unter 1%. Auch die Forelle ist relativ mager. Karpfen, egal ob aus Wildfängen oder der Teichwirtschaft, sind entgegen landläufiger Meinung fettarm. Sie weisen im Schnitt einen Fettgehalt von 5 Prozent in der Muskulatur auf.
Bei jüngeren Fischen bis etwa 1,5 kg kann der Fettgehalt sogar unter 2% liegen. Mehr als 10 Prozent Fett reichern die Schwarmfische Hering, Sardine, Sprotte und Makrele an. Auch Wels (11%), Lachs (14%) und Thunfisch (10%) sind fettreich. Zu den fettesten Arten überhaupt gehört der Aal mit über 25% Fett.
Der Fettgehalt der Fische ist aber starken Schwankungen unterworfen. Er ist bei jugendlichen, noch nicht geschlechtsreifen Fischen besonders hoch, bei älteren Tieren ist er zwischen den Laichzeiten am höchsten. Wir kennen alle die schlechte Fleischqualität vor allem bei weiblichen Fischen, die wir kurz vor oder nach dem Ablaichen fangen. Alle Reserven wurden bei der Ausbildung des Rogens verbraucht.
70 bis 80 Prozent der Fischfette bestehen aus mehrfach ungesättigten Fettsäuren. Hervorzuheben ist hier der hohe Gehalt an den für uns lebensnotwendigen langkettigen n-6 Fettsäuren und den ebenso wichtigen n-3 Fettsäuren (Omega-3-Fettsäu- ren). Diese besonderen Fettbestandteile wirken Arteriosklerose, Schlaganfall und Herzinfarkt entgegen. Sie sind die Ursache für die gute Gesundheit der Menschen, die viel Fisch verzehren. Japaner und Eskimos leiden deutlich seltener an Herzerkrankungen als die Westeuropäer oder Amerikaner.
Studien haben gezeigt, dass der Verzehr von 200 Gramm Fisch pro Woche bereits günstige Auswirkungen auf das Herz-Kreislaufsystem hat. Die Fischmahlzeit muss allerdings über mehrere Monate hindurch und regelmäßig eingenommen werden.

	Fett %	Eiweiß %	Kcal/100g
Aal	25	15,0	220
Makrele	12	19,0	195
Wels	12	15,0	175
Karpfen	5	18,0	125
Regenbogenforelle	3	19,5	67
Hecht	0,9	18,0	89
Scholle	0,8	17,0	83
Dorsch	0,4	18,0	82

Quelle: Seafood

Je höher der Fettgehalt von Fischen ist, desto mehr der wertvollen Omega 3-Fettsäuren nehmen wir zu uns.

Voller Vitamine, leicht verdaulich

Frischer Fisch ist reich an fettlöslichen Vitaminen. Hervorzuheben sind der Vitamin B-Komplex (B6 und B12) sowie die Vitamine A, D und E.
Fische enthalten anders als am Land lebende Tiere sehr wenig Bindegewebe. Sie schweben im Wasser, werden von ihm zusammengedrückt und gehalten und müssen nicht ständig mit der Schwerkraft kämpfen. Aus diesem Grunde werden ältere Fische auch nicht etwa zäh, sie sind genau so gut zu verzehren wie jüngere Exemplare.
Fische sind deshalb auch sehr gut als magenschonende Krankenkost geeignet. Das zarte Bindegewebe erfordert besonderes Geschick bei der Zubereitung. Die Fische zerfallen sehr leicht, besonders wenn sie ganz frisch in der Pfanne landen.
Die Bekömmlichkeit einer Fischmahlzeit hängt aber in hohem Maße von der Zubereitung ab. Gekochter oder gedünsteter Fisch ist deutlich kalorienärmer als überbackene oder gebratene Varianten, weil ein Teil des Bratfetts vor allem in der Panade hängen bleibt. Schmeckt gut, ist aber nicht ganz so bekömmlich.
Fischesser mit empfindlichen Mägen greifen deshalb auch häufig zum „Fisch blau“ oder bereiten ihn in der Folie oder auf dem Grill zu.

Vom Wasser in die Küche

Foto: B. Rozemeijer

Wie gut ein Hecht schmeckt, hängt wesentlich von der Größe ab, meint Hecht-Fan Karl Koch. Das ideale Küchengewicht liegt bei sechs bis acht Pfund.

Der gefangene Fisch soll sauber, frisch und appetitlich in der Küche ankommen. Für den ungetrübten Genuss muss der Angler schon am Wasser Vorsorge treffen. Wer wüsste das besser als Karl Koch, der Mann unserer Köchin (und langjähriger Chefredakteur der Anglerzeitschrift Blinker). Hier sind seine Tipps.

Das Essen von Fisch fängt schon am Wasser an, jedenfalls bei mir. Wenn die Flanke eines schönen Fisches im Drill aufblitzt, spüre ich den ersten Vorgeschmack. Besonders kräftig reagieren meine Geschmacksnerven bei Barsch, Aal und Zander, aber auch bei Karpfen, Schleie oder Hecht.

Eine Voraussetzung muss der Fisch mindestens erfüllen, wenn wir ihn essen wollen, er muss das vorgeschriebene Mindestmaß haben. Die gesetzlichen Mindestmaße sind – leider – meistens zu niedrig. Das zu geringe Mindestmaß hat zum Beispiel den Hecht in den falschen Verdacht gebracht, ein grätenreicher Fisch zu sein. Als Brathecht bezeichnet man die kleinen Hechte von 40 – 60 Zentimeter Länge. Bei ihnen stören die lose im Fleisch sitzenden Y-Gräten wegen der geringen Fleischmenge. Der beste ▶

Speisehecht wiegt dagegen 6 - 8 Pfund. Mühelos lassen sich die langen, kräftigen Gräten entfernen. Größere Hechte sind leicht strohig. Aale sind gut ab 300 Gramm, Zander ab 50 Zentimeter.
Brassen über 5 Pfund gelten bei Feinschmeckern als Geheimtipp. Der Rücken ist dick und fleischig, die Gräten weniger lästig.
Bachforellen schmecken gut in Portionsgröße (30 cm); Regenbogenforellen am besten mit ca. 4 Pfund, sagen Kenner.
Schleien sollten mindestens 2 Pfund wiegen. Der beste Karpfen hat 6 Pfund. Die kapitalen Brummer sind unerträglich tranig, setzt sie ruhig zurück.
Die Idealgröße für Dorsche beträgt 2 bis 6 Pfund, größere Fische können trocken sein. Beim Barsch schmecken die kleinen Ärgerlinge ab 20 Zentimeter am besten, man denke an die berühmten Egli-Filets vom Bodensee.

Frisch versorgt, zu Hause filetiert

Stellen wir uns nun vor, wir hätten einen schönen Hecht in der passenden Größe von 80 cm gefangen. Er soll frisch und appetitlich in der Küche ankommen. Am besten wäre es, wir könnten ihn lebend in einem Hälterkasten oder Setzkescher aufbewahren.
Zum Schlachten brauchen wir eine solide Keule (ein Hammerstiel o.ä.). Wir betäuben den Fisch durch einen kräftigen Schlag auf den Hinterkopf. Danach legen wir ihn auf die Seite und stechen das kräftige Messer mit feststehender Klinge senkrecht am oberen Ende des Kiemendeckels tief in den Fischkörper. Auf diese Art treffen wir das Herz, und der Fisch blutet aus.
Jetzt schuppen wir ihn vom Schwanz in Richtung Kopf. Erst dann trennen wir die Leibeshöhle vom After bis zu den Kiemen auf. Unmittelbar hinter den Kiemen durchtrennen wir die Speiseröhre und entfernen die Eingeweide. Sorgfältig kratzen wir die rotschwarze Niere entlang der Wir- ▶

Erst einmal messen. Dieser Hecht ist maßig, aber zum Essen zu klein. Ab ca. 75 cm Länge hat Esox perfekte Küchengröße.

Nach dem Betäuben abstechen: Vom Kiemendeckel senkrecht nach unten trifft man das Herz, der Fisch blutet aus.

Geschuppt wird gegen den Strich vom Schwanz Richtung Kopf. Mit diesem Fischschupper mit beweglichen Noppen (Magic Fish Scaler, gesehen bei Angelgeräte Thomas Herrmann in Hamburg, Tel. 040/ 6025828) lassen sich auch die harten Kammschuppen von Zander und Barsch entfernen.

Vorschriftsmäßig abschlagen: Zuerst betäubt man den Fisch durch einen kräftigen Schlag auf den Hinterkopf.

Kühlung ist wichtig: Den Fisch in ein feuchtes Leinentuch wickeln und im Schatten lagern, dann bleibt er den Tag über frisch.

Zum Ausnehmen den Fisch vom After bis zu den Kiemen aufschlitzen. Die Niere entlang der Wirbelsäule unbedingt entfernen. Am besten schlitzt man die feine Deckhaut zuerst mit dem Messer auf und drückt das dunkle Blut mit dem Daumennagel heraus, ehe man mit einer harten Bürste die Reste ausputzt.

Tipps

Brassen statt Baby

Eine Baby-Badewanne eignet sich prima für den Transport der Beute, damit der Kofferraum sauber bleibt. Wer schon einmal seinen feuchten Brassenkescher im Auto vergessen hat, weiß, welche „anrüchigen" Folgen das hat.

Salz macht sauber

Durch das Herausreiben der Bauchhaut mit Salz wird der Wohlgeschmack des Fisches gefördert: In der Bauchhaut befinden sich jene Aromastoffe, die einen Fisch moderig schmecken lassen können, wenn sie beim Kochen oder Braten in das Fleisch eindringen.

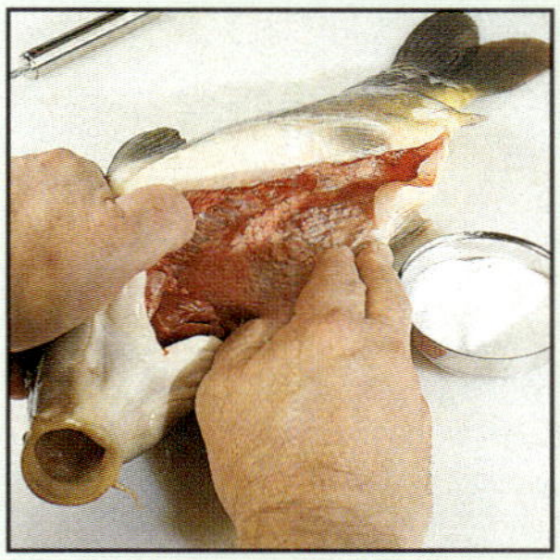

Keine Rutschgefahr

Beim Filetieren (und Entschuppen) hilft ein so genanntes Klemmbrett. Eine starke Drahtklammer hält den Fisch (am Kopf oder Schwanz), so dass er nicht verrutschen kann.

belsäule aus. Am saubersten bekommen wir die Leibeshöhle mit einer kräftigen Bürste. Damit schrubben wir auch die letzten Schuppen vom Fischkörper ab. Nun wickeln wir den versorgten Fisch in ein feuchtes Leinentuch und lagern ihn im Schatten. Filetiert wird bequemer zu Hause, weil am Wasser meist keine Tischplatte zur Verfügung steht. Zum Heimtransport kommt die Beute in eine Baby-Badewanne, damit kein Fischschleim das Auto verschmutzt. Sonst stinkt der Wagen bis zur Verschrottung. So gern meine Frau Fisch mag, das schätzt sie nicht. ■

Schnitt für Schnitt perfekte Filets

Mit Küchenschere Brust-, Bauch- und Rückenflossen abschneiden.

Fisch vom Kiemenbogen zur Schwanzflosse hin filetieren.

Bauchgräten von den Filets mit Unterschnitt abschälen.

Durch Ziehen der Haut gegen die Messerschneide Filets häuten.

Fotos: Blinker/IDK

Inge und Karl Koch, Chefköchin und Chefangler, arbeiten im Duett. Der Fänger darf zuerst probieren.

Gut gekocht

Darf ich vorstellen: Koch und Koch. Besser gesagt Koch und Köchin. Zum Gelingen dieses Kochbuches haben zwei ganz „ausgekochte" Menschen beigetragen.

Zugegeben, dass die Autorin der „Fischküche für Angler" ausgerechnet Koch heißt, ist ein Zufall. Dass sie mit Fisch umzugehen weiß, ist keiner. Inge Koch ist nämlich mit einem Angler verheiratet, und zwar keinem geringeren als dem langjährigen Chefredakteur von Europas großer Anglerzeitschrift Blinker. Was Karl Koch fing (und fängt), wird von Inge Koch zubereitet. Seit Jahren erscheinen ihre Rezepte im Raubfisch-Magazin ESOX und fanden von Anfang an begeisterten Zuspruch.

Deshalb haben wir Inge Koch gebeten, nicht nur ihre besten Rezepte in diesem Heft vorzustellen, sondern gleichzeitig sozusagen aus der Fischküche zu plaudern. Wie man Fische am besten vorbereitet und aufbewahrt, wie man sie würzt und gart, was man zum Kochen braucht und wie man Fisch serviert. Kurzum, ein Rundum-Kochbuch für Angler und Anglerfrauen von der Frau eines Anglers.

Die Rezepte (ab Seite 40) sind nach anglerischen Gesichtspunkten gegliedert: zuerst kommen die beliebten Raub- und Friedfische von Aal über Karpfen bis zum Zander, danach die oft (und zu Unrecht) verschmähten Weißfische. Der begehrten Salmoniden-Familie (inklusive der Renken) ist ein eigener Abschnitt gewidmet. Es folgen die häufigsten Meeresfische und zum Schluss Suppen und Salate.

Ein Register (Seite 82) erleichtert das Auffinden und enthält Querverweise, denn viele der hier aufgeführten Rezepte eignen sich auch für andere Fischarten.

Und damit nicht nur erfahrene Köche von den Tricks und Tipps profitieren, gibt es für jedes Rezept eine knappe Einstufung. Alle mit einem blauen Punkt markierten Rezepte eignen sich auch für „Jungköche" und spärlich eingerichtete Anglerhütten. Mit zwei grünen Punkten gekennzeichnete Rezepte sind „alltagstauglich" für den heimischen Herd. Drei rote Punkte kennzeichnen „Sonntagsessen" und/oder sind für ein Fest mit Gästen besonders geeignet.

Der Herausgeber war im Übrigen unverschämt genug, sich zu einigen „Testessen" einzuladen. Um mit Fernsehkoch Tim Mälzer zu sprechen: Schmeckt nicht, gibt's nicht bei Inge Koch. In diesem Sinne: Petri Heil, viel Freude beim Kochen, guten Appetit!

Ihr Richard Lütticken
(Herausgeber)

Verlängerter Genuss

Nicht immer kann man die gesamte Beute gleich verwerten. Wie gut, dass es das Einfrieren gibt. Noch Wochen nach dem Fang kann man den Fisch so gut wie frisch genießen. Voraussetzung ist aber, dass er für die Lagerung im Tiefkühlfach richtig vorbereitet wird.

Zur längeren Lagerung von Fisch braucht man eine Gefriertruhe oder einen Gefrierschrank. Die Truhe hat den Vorteil, dass man einen größeren ganzen Fisch (Hecht, Karpfen, Lachs) einfrieren kann. Die Lagerung im Schrank ist etwas übersichtlicher und für einen kleineren Haushalt ausreichend. Zum Einfrieren geeignet ist jeder frische Fisch (außer Hering und Makrele, die auch frisch eingefroren schnell tranig schmecken).

Alle Fische werden ausgenommen, gründlich gewaschen und entschleimt, geschuppt oder abgezogen (wie im vorigen Kapitel beschrieben). Man kann ganze Fische einfrieren, größere Fischteile, Koteletts oder Filets.

Ein im Ganzen zubereiteter Hecht, Lachs oder Karpfen sieht dekorativer aus, wenn der Kopf und alle Flossen dran bleiben. Wenn Sie später daraus Filets schneiden wollen, lassen Sie ihn nicht ganz auftauen. Ein wenig angefroren lassen sich die Filets besser von den Gräten schneiden und sehen hübscher aus. Der Fisch wird in einen großen Gefrierbeutel gelegt und fest darin eingewickelt. Den Beutel gründlich verschließen und mit Tesafilm mehrfach fest umwickeln. Achten Sie darauf, dass möglichst wenig Luft im Beutel verbleibt. Wer oft Fisch einfriert, sollte über die Anschaffung eines professionellen Vakuumiergerätes nachdenken. Zu luftig verpackter Fisch, auf dem sich bei längerer Lagerung reichlich „Schnee" bildet, wird zwar nicht schlecht, kann aber austrocknen und schmeckt dann strohig. Den gut gefüllten Beutel beschriftet man mit einem wasserfesten Schreiber mit folgenden Daten: Fischart, Einfrierdatum, Gewicht.

Schock in Schalen

Für Filets, kleinere Fische oder Stücke eignen sich ganz ausgezeichnet die Plastikschalen, in denen man Frischfleisch einkauft. Die Fische

Foto: R. Schwarzer

Was früher mühsam getrocknet, eingesalzen oder auf Eis gelagert werden musste, kommt heute einfach in die Kühltruhe.

In Behältern für Frischfleisch aus dem Einzelhandel kann man Fisch sauber und praktisch einfrieren.

Der Behälter kommt in eine Gefriertüte. Sie wird mit Fischart, Gewicht und Einfrierdatum beschriftet.

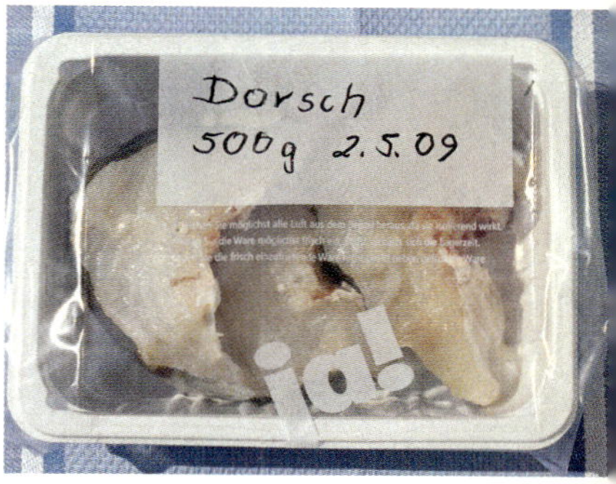

500 Gramm Dorsch in Stücken fertig verpackt. Gerade dem Dorsch bekommt das Einfrieren gut: Sein Fleisch wird fester.

liegen darin schön gestreckt nebeneinander. Die Schale wird in einen Gefrierbeutel geschoben, der Beutel verschlossen und wie oben beschriftet.

Da manche Gefrierschränke nur eine begrenzte Leistung haben, sollte man nie zu große Mengen auf einmal verpacken bzw. einfrieren. Ist ein größerer Fang zu verarbeiten, stellt man den Gefrierschrank rechtzeitig auf „Schock". Wenn eine Temperatur von minus 40 Grad erreicht ist, werden die Fische gut verteilt in das dafür vorgesehene Fach gelegt. Nicht mehr als 4 bis 5 Kilo auf einmal. Ungefähr acht Stunden muss der Fisch schockgefroren werden. Dann kommt er in eine Lagerschublade.

Die Lagertemperatur beträgt minus 18 bis 20 Grad. Fette Fische wie Aal (25 Prozent), Hering (18%), Lachs (14%), Wels und Makrele (je 12%) sollten nicht länger als 1 Monat eingefroren werden. Im Zweifelsfall überdeckt späteres Räuchern leichte geschmackliche Mängel...

Karpfen (5%) und Forellen (3%) sind etwas länger haltbar. Aber ein halbes Jahr sollte selbst bei mageren Fischen (Dorsch 0,7 %, Barsch 0,8%, Hecht 0,9%) nicht überschritten werden. Für alle Fische gilt: Je kürzer die Einfrierzeit, desto besser der Geschmack. ■

Zwei Portionsforellen lagerbereit in beschrifteten Gefrierbeuteln. In einer Tiefkühltruhe lassen sich auch größere Fische im Ganzen einfrieren.

Tipp

Wenn Sie im Ausland gefangenen Fisch mit nach Hause nehmen möchten, einen Lachs zum Beispiel, sollten Sie ihn im Ganzen einfrieren – und zwar ohne vorheriges Ausnehmen! Leicht angetaut kann man ihn später ohne Probleme aufschlitzen und die Eingeweide mit einem Ruck (und in einem Stück!) entfernen. Wenn man dann noch die Niere mit einem Löffel herauskratzt, geht das Ganze schneller und sauberer vonstatten als das Ausnehmen unmittelbar nach dem Fang.

Nebenbei bemerkt: Es gibt Experten, die generell dazu raten, den Fisch möglichst lange unausgenommen zu lassen, weil jede Verletzung das Eindringen von Bakterien erleichtert.

Ab in die Pfanne

Braten geht einfach und schnell und gibt dem Fisch einen intensiven Geschmack. Ein paar Grundregeln sollte man aber beachten, um ein optimales Ergebnis zu erzielen.

Voraussetzung für ein gutes Bratergebnis ist eine gute Pfanne. Nach einigen Versuchen mit unterschiedlichen Materialien schwöre ich auf beschichtete Pfannen. Ich benutze zwei unterschiedliche Formen, eine mit einem Stiel und eine mit zwei Griffen. Letztere hat den Vorteil, dass sie auch in den Backofen passt. Zum Braten eignen sich vor allem kleine Fische (Barsche, kleine Plattfische, Hering, Aal, Maränen, Stint, Portionsforellen) und Filets von allen anderen Fischen. Hecht und Zander kann man auch als Karbonaden verwenden, die dann nicht dicker als 5 Zentimeter sein sollten, damit sie gut durchbraten. Vom Hecht zieht man besser die Haut ab, in der sich der etwas strenge Wildgeschmack konzentriert. Besonders schmackhaft sind beim Hecht übrigens die Bauchlappen.

Bemehlen oder panieren

Die Fische werden zum Braten wie folgt vorbereitet: Mit Küchenkrepp gut trockentupfen, salzen, pfeffern und panieren. Dabei unterscheidet man das leichte Bemehlen und das Panieren mit verschlagenem Ei und/oder Paniermehl. Nur bemehlt werden die Fische, bei denen man die Haut mitbrät, die dann sehr schön braun und kross wird, wie Aal, Forelle, Hering, Plattfisch etc. „Nackte“ Filets wälzt man in einer Panade aus verschlagenem Ei und Paniermehl, da sie ihnen etwas ▶

Foto: Blinekr/IDK

Braten ist einfach und geht schnell. Und das Ergebnis (hier sind es Hecht-Koteletts) schmeckt lecker.

Halt gibt und das Filet nicht so leicht zerfällt. Die Panade kann gewürzt werden, indem man Paprikapulver, Fischgewürz (Fertigprodukt) oder auch einige sehr fein gehackte frische Kräuter beimischt. Stark panierte Fische haben den Nachteil, dass sie sehr kalorienreich sind, da die Panade sehr viel Fett aufnimmt. Bei edleren Fischen wie Maräne oder Saibling übertönt man durch Panieren den feinen Geschmack. Deshalb besser nur ganz leicht mit Mehl bestäuben, dann werden sie beim Braten außen knusprig, ohne nach Panade zu schmecken.

Immer ohne Deckel

Gebraten wird immer ohne Deckel, sonst erzielt man keine Bräune. Als Fett verwende ich flüssige Pflanzenfette (z.B. Smanta oder Sanella Margarine) oder Distel-Öl. Diese Fette sind geschmacksneutral, lassen sich stark erhitzen und spritzen nicht.

Die ideale Temperatur ist erreicht, wenn sich die Bläschen auflösen. Angebraten wird bei starker Hitze, die dann gleich reduziert wird. Bratzeit je nach Dicke 5 – 10 Minuten von jeder Seite. Mein Tipp: Braten Sie zuerst die Seite, die beim Servieren zu sehen sein soll und wenden Sie nur einmal. Bei häufigem Wenden besteht die Gefahr, dass der Fisch zerfällt. Damit das nicht so leicht passiert, verwende ich einen Kunststoff-Bratenwender, der ungefähr die Größe eines normalen Fischfilets hat.

Es scheint so, als sei das Braten die häufigste Zubereitungsart von Fischen. Das hat sicher seinen Grund in der Einfachheit und Kürze der Methode, der Verfügbarkeit der Zutaten und in den Essgewohnheiten. Übliche Beilagen sind Kartoffelsalat, Bechamel-Kartoffeln (Kartoffelscheiben in sahniger Soße) oder einfach Petersilienkartoffeln mit brauner Butter (siehe rechts). ■

Panieren gibt Geschmack, bräunt den Fisch und schützt das Filet vor dem Zerfallen.

Das Filet wird mit dem großen Pfannenwender nur einmal gewendet.

Das wichtigste Zubehör: zwei beschichtete Pfannen, ein großer Pfannenwender, Distel-Öl und flüssiges Pflanzenfett.

Tipp

Zum Braten ebenso wie fürs Kochen gibt es fertige Gewürzmischungen, die speziell auf Fisch abgestimmt sind. Streuwürzen enthalten in der Regel neben Salz und Pfeffer zum Beispiel Sellerie, Zwiebeln, Muskat, Petersilie und Estragon.

Foto: R. Lütticken

Kartoffeln: Mehr als eine Beilage

Ein beliebter Begleiter zu gebratenem Fisch ist ein zünftiger Kartoffelsalat. Aber auch schlichte Petersilienkartoffeln oder gehaltvolle Bechamel-Kartoffeln passen gut dazu. Und wenn's doppelt deftig sein soll, dann gibt es natürlich Bratkartoffeln.

Kartoffelsalat mit Mayonnaise

Zutaten für 4 Personen

2 kg Salatkartoffeln (klein und festkochend)
1 Gewürzgurke
3 EL Weinessig
2 EL Dijon-Senf
etwas Aufgußflüssigkeit von den Gewürzgurken
500 g Mayonnaise (siehe unten)

Die Kartoffeln am Vortag kochen. Am Tag der Zubereitung pellen und in Scheiben schneiden. Die Gewürzgurke und die Zwiebel fein würfeln. Mit dem Senf und dem Gurkenwasser in die Mayonnaise rühren. Dann die Kartoffelscheiben vorsichtig unterheben und 3 – 4 Stunden ziehen lassen. Der Salat muss vor dem Servieren abgeschmeckt und evtl. nachgewürzt werden, da die Kartoffeln die Gewürze sehr schnell aufnehmen.
Mayonnaisen (Salatmayonnaisen, kalorienreduziert) kann man gut fertig kaufen. Wer lieber eine Mayonnaise selbst herstellen möchte; hier ist ein Rezept:

Zutaten für 500 g Mayo

3 Eigelb
1 EL mittelscharfer Senf (vorzugsweise Dijon-Senf)
½ l Speiseöl
1 EL Weinessig
½ TL Salz
½ TL weißer Pfeffer
1 TL Zucker

Eigelb und Senf mit dem Mixer glattrühren. Dann langsam das Öl hinzufügen und bei höchster Stufe zu einer cremigen Masse aufschlagen. Essig und die Gewürze zufügen.

Tipp: Aus dem übrig gebliebenen Eiweiß bei der Herstellung der Mayonnaise kann man leicht ein Blech Kokosgebäck o.ä. herstellen.

Schwäbischer Kartoffelsalat

Zutaten für 4 Personen

1 kg Salatkartoffeln
1 große Zwiebel
1 l Rindfleischbrühe
2 EL Weinessig
2 EL Öl
weißer Pfeffer, Salz und etwas Zucker

Kartoffeln schon am Vortag kochen. Am nächsten Tag pellen und in Scheiben schneiden. Die Zwiebel fein würfeln. Etwas heiße Brühe angießen, damit sie etwas von ihrer Schärfe verlieren. Essig, Öl und die Gewürze zu einer Marinade rühren. Über die Kartoffeln verteilen. Nun langsam die heiße Brühe angießen, und zwar so lange, bis die Kartoffeln damit gut durchfeuchtet sind. Der Salat wird lauwarm gegessen und in Schwaben auch zu Braten etc. gereicht.

Petersilien-Kartoffeln

Zutaten für 4 Personen

1 kg festkochende (möglichst kleine) Kartoffeln
40 g Butter
1 gehäufter EL Mehl
0,5 l Milch
1 Fläschchen Kaffeesahne 10%
2 EL gehackte Petersilie
Salz, weißer Pfeffer, eine Prise Zucker, ein Spritzer Zitronensaft

Die Kartoffeln kochen, pellen und 4 bis 5 Stunden auskühlen lassen. Die Butter schmelzen, das Mehl hinzufügen und aufschäumen lassen. Die Milch angießen und mit dem Schneebesen glattrühren. Kaffeesahne hinzufügen und mit Pfeffer, Salz und etwas Zitronensaft abschmecken. Die Soße vom Herd nehmen und die gehackte Petersilie einstreuen. Die in Scheiben geschnittenen Kartoffeln vorsichtig unterheben.

Bechamel-Kartoffeln

Zutaten für 4 Personen

1 kg festkochende (kleine) Kartoffeln
40 g Butter
40 g Mehl
1 Zwiebel
60 g Schinkenwürfel
0,5 l Milch
0,25 l Fleischbrühe (Instant)
1 EL gehackte Petersilie
weißer Pfeffer
evtl. etwas Salz

Kartoffeln kochen (ca. 20 Minuten), pellen und auskühlen lassen. Butter zerlassen, das Mehl hinzufügen und aufschäumen. Milch und Fleischbrühe angießen und einmal aufkochen. Die Schinkenwürfel auslassen und die fein gehackte Zwiebel darin glasig dünsten. Zu der Soße geben, mit dem Pfeffer und mit etwas Salz abschmecken (vorsichtig, da die Schinkenwürfel schon salzig sind). Zum Schluss die gehackte Petersilie hinzufügen.

Bratkartoffeln

Zutaten für 4 Personen

1 kg Salatkartoffeln
2 – 3 EL Bratfett (Öl, Margarine, Butterschmalz)
1 große Zwiebel (oder Frühlingszwiebeln)
Salz
evtl. Petersilie

Kartoffeln schälen und in Scheiben schneiden. Bratfett in der Pfanne erhitzen, rohe Kartoffeln darin anbraten. Auf kleiner Flamme ca. 20 Minuten garen, dabei öfter mit dem Pfannenwender vorsichtig wenden. In der Zwischenzeit die Zwiebeln würfeln und nach ca. 10 Minuten zugeben und unterheben. Kräftig salzen. Eventuell mit Petersilie bestreuen.

Doppelt deftig: knusprige Bratkartoffeln zum Bratfisch.

Schonend gekocht

Renke im Ganzen gekocht. Dazu schmecken Petersilienkartoffeln und ein gemischter Salat.

Kochfisch ist als Schonkost verschrien. Dabei ist er nur besonders gut verträglich. Und gut für die schlanke Linie (die Kalorien bringt höchstens die Soße...). Gleichzeitig ist aber etwas Phantasie beim Würzen gefordert.

Zum Kochen braucht man einen geräumigen Topf. Sonst besteht die Gefahr, dass der Fisch beim Einlegen in das Kochwasser oder beim Herausnehmen zerfällt.

Fotos: S. Halletz

Für das Kochen braucht man zuallererst einen großen Topf. Ich verwende einen 8-Liter-Topf, 28 Zentimeter im Durchmesser, wenn ich zum Beispiel Dorsch für vier Personen zubereiten will. Der Fisch muss ganz mit Wasser bedeckt sein. Das garantiert, dass man die Fischstücke beim Herausnehmen nicht zerdrückt und die Haut nicht beschädigt wird. Die Flüssigkeit gut abtropfen lassen! Am besten benutzt man bei größeren Stücken zum Herausnehmen zwei Schaumkellen.

Die klassischen Kochfische sind Karpfen, Schleie, Lachs, Forelle, Dorsch, Schellfisch, große Plattfische. Geeignet sind ganze Fische, Fischstücke oder Karbonaden. Filet eignet sich nicht, da es sofort zerfallen würde, denn die Gräten und die Haut halten den Fisch beim Kochen zusammen.

Das Kochen eines ganzen Fisches gelingt am besten in einem ovalen Topf mit einem Drahteinsatz (Foto).

Erst die Gewürze, dann der Fisch

In das Kochwasser gibt man einen Teebeutel mit getrockneten Gewürzen (wie im Suppen-Kapitel, S. 32, beschrieben), pro Liter einen Esslöffel Salz, eine Zwiebel, einen Schuss Essig und eine Prise Zucker. ▶

Es grünt so grün

Gerade für Kochfisch gilt: In der Würze liegt die Kraft. Kräuter sind dabei unentbehrlich.

Aroma aus dem Garten: Zwiebeln und frische Kräuter (Bärlauch, Petersilie, Dill, Thymian, Rosmarin, Salbei, Schnittlauch) geben dem Kochwasser Geschmack (und natürlich allen Suppen und vielen Soßen).

Ein Blumenkasten – und fertig ist das Kräuterbeet im Garten oder auf dem Balkon.

Und wenn etwas übrig bleibt, kann man den Rest (in Gefrierbeuteln oder kleinen Gläsern) im Tiefkühlfach „einlagern".

Tipp

Heiß gekocht und kalt serviert

Ein ganz ungewöhnliches Kochrezept habe ich aus Dänemark mitgebracht. Dabei wird der Fisch über Nacht gegart und am nächsten Tag kalt serviert.
Sehr schmackhaft lassen sich ein kleinerer Lachs oder eine Meerforelle auf diese Art zubereiten:
Drei Liter Wasser mit gemischtem Suppengrün, einem Bund Petersilie, einem Bund Dill, Lorbeerblättern, Pfefferkörnern, Salz und einer Flasche trockenem Weißwein (0,7 l) 20 Minuten kochen.
Den Fisch im Sieb-Einsatz in den Topf legen, den Deckel schließen, das Ganze vom Herd nehmen und bei Zimmertemperatur über Nacht ziehen lassen. Zu dem abgekühlten Fisch reicht man verschiedene Dips und Fladenbrot oder ein Baguette.

Eine große Forelle ist ideal geeignet für dieses ungewöhnliche Rezept. Sieht doch zum Reinbeißen aus, oder?

Alles unter Kontrolle: In einer feuerfesten Glasschüssel hat man den Kochvorgang immer im Blick.

Topf mit Siebeinsatz. Größere Stücke oder ganze Fische lassen sich so am besten handhaben.

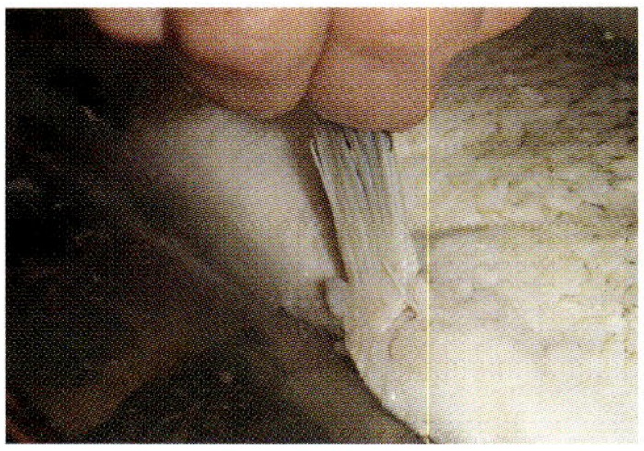

Die Garprobe. Wenn sich Bauch- oder Brustflosse leicht lösen lassen, ist der Fisch gar.

Oder an Stelle der getrockneten Gewürze in grobe Stücke geschnittenes Suppengrün, Weißwein und Salz. Das Wasser mit den Zutaten muss ca. 20 Minuten köcheln. Erst dann gibt man den Fisch hinein und lässt ihn bei verminderter Hitze (das Wasser darf nicht mehr sprudeln!) gar ziehen. Der Fisch ist gar, wenn sich die Rückenflosse leicht herausziehen lässt oder man einen Holzspieß ohne größeren Widerstand an einer dicken Stelle in das Fleisch stechen kann. Eine Soße wird extra hergestellt. Dazu verwendet man einen Teil des Fischwassers (siehe unten). Der Vorteil dieser Kochmethode ist, dass das Fischaroma und die Nährstoffe, die aus dem Fisch herauskochen, in der Soße erhalten bleiben.

Immer gut sichtbar

Statt eines Edelstahl-Topfes kann man auch einen aus feuerfestem Jenaer Glas benutzen. Durch das Glas lässt sich das Simmern gut beobachten. Außerdem lässt sich die Glasschüssel gleich zum Servieren verwenden. Eine Zwiebel wird in Fett gedünstet, diese wird mit 2/3 Gemüsebrühe und 1/3 trockenem Weißwein abgelöscht. Dann kommen die Fischstücke hinein und garen bei niedriger Temperatur und geschlossenem Topf ca. 15 bis 20 Minuten.
Wenn der Fisch gar ist, stellt man ihn warm und verwendet die Flüssigkeit zur Herstellung einer Soße. Curry, Estragon, frische Kräuter – Petersilie, Schnittlauch, Dill etc. – sind geeignete Zutaten. Gewürzt wird mit weißem Pfeffer, Zucker, Zitronensaft. Zum Andicken verwende ich hellen Soßenbinder oder einen Butter/Mehl-Kloß (1 Esslöffel Butter mit gleicher Menge Mehl verkneten und einrühren). Zum Schluss gibt man Sahne oder Crème fraiche hinzu. Die Soße darf nicht mehr kochen, da sonst die Sahne gerinnt (mehr zum Thema Soßen ab S. 34). ■

Rund und blau

So wird aus einem grünlichen Fisch eine „Schleie blau", die in jeden großen Topf (am besten mit Sieb-Einsatz) passt.

Ein Stück Küchenschnur mit Hilfe einer Nadel durch Schwanzstück, Kieme und Maul fädeln.

Mit den Schnurenden den Fisch halbrund ziehen, dann die Enden miteinander verknoten.

Fisch auf ein Sieb oder den Brätereinsatz stellen und mit warmem Essigwasser blau machen.

Rundum blau serviert: ein echter Klassiker (auch für Karpfen und Forelle).

Fotos: Blinker/IDK

Gesunder Dunst

Dünsten, also das Garen in wenig Wasser(dampf), ist besonders zu empfehlen, weil alle Inhalts- und Geschmacksstoffe im Fisch und in den Zutaten erhalten bleiben. Ab in den Backofen heißt also die Devise.

Bei Chefköchin Inge Koch bleibt der Backofen selten kalt. Hier wird ein Zander delikat gegart.

Dünsten ist die von mir bevorzugte Zubereitungsart. Der Fisch wird in einem geschlossenen Gefäß bzw. im Backofen im eigenen Saft gegart. Alle wertvollen Inhaltsstoffe bleiben erhalten, Gewürze und Geschmacksstoffe können sich voll entfalten. Gedünsteter Fisch ist daher besonders gesund. Außerdem ist die Vorbereitung einfach und zeitsparend, eventuell kann das Gemüse gleich mitgegart werden.

Alle Fischarten sind zum Dünsten geeignet. Allerdings ist Dünsten nicht gleich Dünsten; allein von der Wärmequelle her gibt es verschiedene Möglichkeiten:

1. auf dem Herd,
2. im Backofen (dazu gehört auch

Frisch aus dem Backofen. Dieser Barsch wurde auf einem Bett aus Kartoffeln, Tomaten und Oliven in einer ofenfesten Form gegart und darin praktischerweise auch serviert.

das Garen im Bratschlauch, in Alufolie oder im Römertopf),
3. in der Mikrowelle.

Dünsten auf dem Herd

Dafür eignen sich sehr gut Filets oder dicke Fischstücke mit Mittelgräte (Koteletts, Tranchen). Gegart werden sie entweder in wenig Flüssigkeit (Wein, Brühe, Wasser, Sud etc), im eigenen Saft oder auf einer Gemüseunterlage. Benötigt wird dazu ein geschlossener, möglichst beschichteter Topf (damit auch bei wenig Flüssigkeit nichts anbrennt). Eine tiefe Pfanne tut's auch, wenn sie einen passenden Deckel hat.
Die Garzeit ist kurz, je nach Dicke der Fischstücke beträgt sie knapp zehn Minuten bei mittlerer Hitze.

Dünsten im Backofen

Die Zubereitung im Backofen braucht deutlich mehr Zeit. Erst einmal muss der Backofen vorgeheizt werden (auf 180 – 220 Grad). Dagegen steht der Vorteil, dass man während des Garens in aller Ruhe den Tisch vorbereiten kann. Auch eignet sich das Dünsten im Backofen gut für ganze Fische wie Portionsdorsche oder Makrelen.
Ein schöner Hecht, auf buntem Gemüse, oder mit Speck umwickelt, wird im Ofen zu einem regelrechten Festmahl für Auge und Gaumen. Der Fisch braucht bei 220 Grad ca. 45 bis 60 Minuten und muss während dieser Zeit öfter mit Flüssigkeit oder geschmolzener Butter begossen werden.
Dünsten im Backofen ist auch für größere Mengen Fisch geeignet. Filets auf dem Backblech auf einer Unterlage aus Pilzen, Zwiebeln und Gemüse eignen sich gut für Gäste, da das Ganze sich gut vorbereiten lässt und man mühelos zehn bis zwölf Portionen auf dem Backblech unterbringt.
Wenn man Paprika und/oder Kartoffeln oder knackige Gemüsesorten verwendet, muss das Gemüse alleine eine Vorlaufzeit von 20 bis 30 Minuten (220°) haben. Mit dem Fisch darauf dauert es noch einmal ca. 30 Minuten.

Fotos (4): Blinker/OV, K. Koch

Der Bratschlauch eignet sich gut für ganze größere Fische oder große Fischstücke.

Dünsten im Bratschlauch

Ein schönes Stück Lachs oder eine Meerforelle lässt sich prima im Bratschlauch dünsten. Zutaten können sein: so genanntes Julienne- ▶

Gemüse (in feinste Streifen geschnittene Möhren, Lauch, Zucchini, Kohlrabi etc.) oder Pilze. Die Gemüse werden in der Pfanne kurz angeschmort. Den Schlauch auf einer Seite gut verschließen, dann das Gemüse locker hineinlegen und den Fisch daraufsetzen. Etwas Flüssigkeit (Wein, Brühe, Sud) zugeben und den Schlauch fest verschließen. In die Oberseite einige Löcher stechen. Ofen auf 200 Grad vorheizen. Auf dem kalten Rost je nach Größe des Fisches 30 bis 40 Minuten garen (untere Einschubleiste).
Beim Öffnen des Schlauches ist Vorsicht geboten; an dem heißen Dampf kann man sich leicht verbrühen.

Dünsten in der Alu-Folie
Kleinere Fische (Hering, Makrele, Felchen, Forelle etc.) oder auch Filets lassen sich auch gut in Alu-Folie im Backofen dünsten. So lassen sich, je nach Größe des Backofens, mundgerechte Einzelportionen für bis zu acht Personen vorbereiten. Die Folienstücke werden mit Öl leicht gefettet, die mit Salz, Pfeffer und Kräutern gewürzten Fische daraufgelegt. Eventuell kann man noch Butterflöckchen zugeben oder auch Zitronenscheiben. Die Folie nach oben klappen, überstehende Enden fest zusammenfalten. Auf diese Art läuft keine Flüssigkeit in den Backofen, und das Ganze sieht auch beim Servieren noch gut aus. Ofen auf 220 Grad vorheizen und die Folienfische auf dem Rost einschieben.
Nach ca. 20 Minuten sind die Fische fertig. Tipp: Erst eine Folie öffnen und „Flossenprobe" machen (wenn sich die Rückenflosse leicht herausziehen lässt, ist der Fisch gar), ehe man die übrigen Fische entnimmt.

Die Alufolie ist praktisch für Portionsfische und große Filets.

Dünsten im Römertopf
Das Garen im so genannten Römertopf, einem ovalen Tontopf, ist zu Unrecht ein wenig in Vergessenheit geraten. Gerade für nicht so ganz geübte Köche ist diese Zubereitungsart sehr einfach. Alle Zutaten kommen zusammen in den Topf (der zuvor gewässert werden muss) und brauchen etwa die gleiche Zeit im Ofen wie die Fische in Alufolie. Garen im Römertopf ist eine sehr schonende und kalorienarme Zubereitungsmethode.

Im Römertopf gart man den Fisch zusammen mit allen Zutaten.

Dünsten in der Mikrowelle

Eine Mikrowelle dient den meisten Menschen nur zum Erhitzen von Tiefkühlkost. Man kann darin aber auch Fisch schnell und fettarm dünsten, im eigenen Saft oder un-

Foto: S. Halletz

Wenn's schnell gehen soll, kommt die Mikrowelle zum Einsatz. Wichtig: das Gericht immer abdecken!

ter Zugabe von ganz wenig Flüssigkeit (1 Esslöffel Brühe und eventuell etwas Butter).
Ich habe immer eine kleine Portion Soße eingefroren, die ich beim Dünsten von Filets in der Mikrowelle verwende.
Ein Fischgericht für ein bis zwei Personen ist nach fünf bis sieben Minuten (bei 600 Watt) fertig gegart. Wichtig wie immer bei der Mikrowelle: Schüsseln oder Teller müssen dafür geeignet sein, aber heutzutage sind sogar manche Kunststoffbehälter mikrowellentauglich. Und auf jedes Geschirr gehört während des Garens ein Deckel, um Spritzer beim Drehen zu vermeiden.

Eine sichere Einlage

Sauer macht lustig - und leichter verdaulich. Vor allem fette Fische legt man gerne in Marinade oder Aspik ein. Das konserviert und schmeckt besonders würzig.

Heringe, Makrelen und Hornhechte treten in Schwärmen auf, so dass man sie oft in Mengen fängt. Aber wohin mit dem Segen? Leider sind diese Fischarten leicht verderblich und eignen sich schlecht zum Einfrieren. Wenigstens für ein paar Tage lassen sie sich haltbar machen, indem man sie säuert. Dafür gibt es drei verschiedene Methoden:

1. **(roh) mariniert**
2. **in Aspik**
3. **(nach dem Braten) sauer eingelegt.**

Saure Fische schmecken vorzüglich. Da sie kalt serviert werden, isst man sie meist im Sommer, dazu passen Bratkartoffeln oder Brot.
Fette Fische wie Aal, Karpfen oder Makrelen werden durch das Einlegen leichter verdaulich. Aber auch magere Fische können lecker schmecken. Ich empfehle Rotaugen, Barsche oder kleine Plattfische. Saure Flundern, die wir auf einer Reise nach Büsum kennengelernt haben, sind uns als Geschmackserlebnis unvergesslich geblieben.

Marinieren

Die Fische werden küchenfertig vorbereitet. Für das Marinieren bleiben sie roh. Entweder man schneidet ▶

Marinierte Heringe müssen mindestens drei Tage in der Lake liegen, ehe man sie essen kann.

Herin

Filets (zum Beispiel von größeren Makrelen, Rotaugen oder Brassen), lässt die Fische ganz (kleine Heringe oder Barsche) oder teilt sie in 5 bis 7 Zentimeter große Stücke (Hornhecht, Aal).
Für 1 Kilo Fisch stellt man folgende Marinade her:
¼ Liter Wasser,
1/2 Liter Essig,
2 Zwiebeln,
2 Lorbeerblätter,
10 Pfefferkörner,
5 Pimentkörner,
1 Teelöffel Senfkörner,
1 Esslöffel Salz,
1 TL Zucker.
Alles 10 bis 15 Minuten köcheln und abkühlen lassen. Die rohen Fische in eine Schale legen. Ein Bund Kräuter aus Petersilie, Dill, Schnittlauch, Kerbel, Zitronenmelisse darauf verteilen. Die abgekühlte Flüssigkeit über die Fische gießen. Nach drei Tagen im Kühlschrank sind sie essbar (und weitere drei Tage haltbar).

In Aspik

Um Fische in Aspik einzulegen, lässt man sie 15 bis 20 Minuten in folgendem Sud gar ziehen:
1 Liter Wasser,
¼ l Essig,
2 Lorbeerblätter,
2 EL Salz,
Senfkörner,
einige Pfefferkörner
2 Zwiebeln,
1 - 2 TL Zucker.
Den Sud durch ein Haarsieb oder

Ein appetitlicher „Spiegel" für Aspik wird aus Tomate, Zitrone und Petersilie dekoriert.

Die fertigen Brassen-Filets in Aspik sehen nicht nur lecker aus, sie schmecken auch so.

Tipp

Vor dem Anrichten von Aspik die Form kurz in heißes Wasser tauchen, dann lässt sie sich besser stürzen. Die Platte, auf der angerichtet werden soll, mit kalten Wasser abspülen, damit man das Gericht notfalls verschieben kann.

einen Filter gießen. Die Fische abkühlen lassen. Für das Aspik braucht man einen halben Liter Sud und ein Päckchen Pulver-Gelatine (Zubereitung wie auf der Packung beschrieben).
Entweder man legt die ganze Menge Fisch in ein größeres Gefäß oder man portioniert sie gleich.
Hübsch und appetitlich sieht es aus, wenn man einige Zitronenspalten, eine halbierte Cherry-Tomate, einige Zweige Basilikum oder Petersilie als Verzierung verwendet. Für diesen so genannten Spiegel zunächst ein wenig Aspik-Flüssigkeit in ein Gefäß gießen. Etwas fest werden lassen, dann dekorieren. Die Fischstücke darauf verteilen und mit der restlichen Flüssigkeit auffüllen.
Dann kommt alles in den Kühlschrank. Sobald das Aspik fest ist, kann es verzehrt werden. Haltbarkeit im Kühlschrank: 4 bis 5 Tage.

Sauer eingelegt

Die bekannteste Variante ist wohl das Einlegen von gebratenen oder gekochten Fischen „in Sauer". Dazu werden die Fische küchenfertig vorbereitet, gesalzen, gepfeffert, bemehlt und gebraten. Gekocht werden sie in der oben unter Punkt 1 beschriebenen Marinade. In diesem Sud werden sie dann eingelegt. Essen kann man sie bereits nach 24 Stunden. Im Kühlschrank bleiben sie bis zu fünf Tage haltbar.

Vorbereitung zum Einlegen: Die abgezogenen Barsche müssen jetzt noch filetiert werden.

Schon ziemlich leckere „Egli"-Filets. Aber diesmal werden die knusprigen Filets nach dem Braten nicht gleich gegessen, sondern kommen „in Sauer".

Schon nach 24 Stunden im gekräuterten Sud sind die Barsche „ausgereift".

Immer eine gute Suppe

Am Anfang war die Fischsuppe. Alles, was im Wasser Schuppen, Scheren oder Schalen hatte und als essbar galt, kam in den Topf. So entstanden weltweit bekannte Gerichte wie die französische Bouillabaisse. Grundlage jeder Suppe ist aber ein einfacher Fischfond, aus dem man wahlweise ein sättigendes Hauptgericht oder eine leckere Vorspeise machen kann.

Fischsuppe ist eine gute Möglichkeit, Fischreste oder kleinere Fische zu verwerten. Gut geeignet sind festfleischige Fische wie Barsch, Zander, Hecht, Karpfen, Aal, Lachs etc. Man kann verschiedene Fische verwenden oder man beschränkt sich auf eine Fischart. In jedem Fall braucht man einen großen Kochtopf: Für 3 Liter Flüssigkeit ist ein Topf mit 5 bis 7 Liter Fassungsvermögen gerade recht.

Eine gute Fischsuppe lebt von einem guten Fond. Diesen stellt man wie folgt her. Zuerst Wasser zum Kochen bringen. In den Sud kommen pro Liter Wasser 1 Esslöffel Salz, und 1 bis 2 Zwiebeln. Damit man die unzerkleinerten Gewürze nicht hinterher einzeln herausfischen ▶

Edel und gehaltvoll: klare Fischbrühe mit Filetstücken und Krebsfleisch angereichert.

Foto: IDK

muss, fülle ich sie in einen länglichen Teebeutel (siehe Tip unten). Meine Mischung besteht aus 1 Teelöffel Senfkörner, 5 Pimentkörnern, 10 Pfefferkörnern, 2 Lorbeerblättern, 5 Wacholderbeeren und – wenn man etwas Schärfe in der Suppe möchte - gerne auch 2 oder 3 getrockneten Chili-Schoten. Natürlich kann das eine oder andere Gewürz entfallen oder durch ein anderes ersetzt werden.

Fisch erst zum Schluss

Nach ca. 10 Minuten kommen die Fischstücke ins Wasser. Diese dürfen gern auch größer sein, da sie während des Kochens meistens leicht zerfallen. Jetzt die Hitze sofort reduzieren und alles auf ganz kleiner Flamme gar ziehen lassen.
Die fertig gegarten Fischstücke mit einer Schaumkelle aus der Flüssigkeit heben, von Haut und sämtlichen Gräten befreien. Einige besonders schöne größere Fischstücke aufheben, um sie ganz zum Schluss in die fertige Suppe zu geben. Den Fond durch ein Haarsieb gießen und auffangen.
Damit ist die Grundlage für jede Suppe (und auch manche Soße) fertig – und Ihre Fantasie gefragt. Will man die Suppe als Hauptgericht reichen, muss sie etwas gehaltvoller sein. Also gibt man einige in Stücke geschnittene Kartoffeln, 1 bis 2 Stangen Porree, 3 bis 4 Möhrchen, eine Dose gestückelte Tomaten (mit Flüssigkeit), Tomatenpüree und Tomatenmark hinzu.
Cayennepfeffer und rote Pfeffersoße sorgen für eine pikante Note (ein Rezept für eine scharfe Barschsuppe finden Sie auf Seite 77).
Als Vorsuppe ist oft eine „schlankere“ Suppe besser, die den Magen ja nur auf den Hauptgang vorbereiten soll. Also wird hier auf das Gemüse verzichtet und stattdessen mit frischen Kräutern und einem Schuss Sherry verfeinert.
Vor einer größeren Menge Suppe brauchen Sie sich nicht zu fürchten; sie lässt sich hervorragend einfrieren. Ein weiterer Vorschlag wäre

Tipp

Hier kommt alles in die Tüte: Lorbeerblatt, Pimentkorn, Pfeffer, Wacholder und Co. Wer die Gewürze für den Fischsud in einem verknoteten Teebeutel ins Kochwasser gibt, braucht sie hinterher nicht einzeln heraus zu fischen.

Foto: O. Portrat

Hier passt alles rein: Eine zünftige Suppe für Angler schmeckt auch draußen und macht fit für eine lange Nacht am Wasser.

eine helle, milde Suppe. Auch hierbei können Sie mit verschiedenen Gewürzen experimentieren. Curry oder gemahlener Piment geben der Suppe eine ganz eigene Note. Die Sahne, die unbedingt in diese Suppe gehört, sollte man nicht mitkochen, da durch Wein und Zitrone sonst die Gefahr besteht, dass sie gerinnt. Das macht geschmacklich keinen Unterschied, sieht aber nicht gut aus. ■

Die **legierte Suppe** ist mit Sahne angereichert.

Die Soße macht's

An Soßen für Fisch besteht kein Mangel. Mit ihnen kann man dem Fisch eine Fülle verschiedener Geschmacksrichtungen geben.

Soßen machen jedes Fischfleisch saftig. Und sie machen satt. Zu Kartoffeln als Beilage sind sie quasi unentbehrlich. Dabei ist eine schmackhafte Soße ganz einfach. Wenn man die hier beschriebene Grundsoße beherrscht, sind auch exotische Variationen ein Kinderspiel.

Zur Herstellung der Soßen verwende ich eine beschichtete Kasserolle (Stieltopf), weil die Soße darin nicht anbrennt. Gerührt wird dann mit einem Schneebesen aus weichem Kunststoff oder Holz, um die Beschichtung zu schonen.

Apropos anbrennen: Soßen erfordern aufmerksame Köche - und deren körperliche Anwesenheit... Wer zwischendurch in den Keller rennt, weil er vergessen hat, den Wein kalt zu stellen, muss sich nicht wundern, wenn aus der hellen Grundsoße eine braune Karamellsoße wird.

Weitere schmackhafte Soßen finden Sie auf der nächsten Doppelseite und bei den Rezepten (z.B. für Hecht eine Pilz-/Wein-Soße oder eine Gurkensoße (siehe S. 47).

Eine rührige Angelegenheit: Gute Soßen sind keine Hexerei, erfordern aber Aufmerksamkeit – und fleißiges Rühren.

Feine Grundsoße: Schritt für Schritt

Wir brauchen folgende Zutaten:

40 Gramm Butter
1 – 2 EL Mehl
250 ml Gemüsebrühe (Instant)
200 ml Sahne, Kaffeesahne oder Crème fraiche
Salz, weißer Pfeffer
1 Eigelb.

Und so wird sie zubereitet:

Butter im Stieltopf zerlassen, Mehl einstreuen und unter ständigem Rühren mit dem Schneebesen aufschäumen. Gemüsebrühe langsam angießen und das Ganze rasch zu einer cremigen Soße rühren. Sahne zufügen, würzen. Das Eigelb mit 2 Eßlöffeln Wasser glatt rühren und in die nicht mehr kochende Soße geben (siehe Fotos unten).

Tipp:
Um der Soße mehr Farbe zu verleihen, kann man sie mit Tomatenwürfeln anreichern (ca. 2 Eßlöffel). Ich benutze dazu in Öl eingelegte getrocknete Tomaten, die besonders würzig schmecken.

1. Für eine klassische „Mehlschwitze" wird Butter in einem beschichteten Topf aufgeschäumt.

2. Das Mehl nach und nach unter ständigem Rühren zugeben...

3. ...bis es vollständig und klumpenfrei aufgelöst ist.

4. Zum Auffüllen der Soße eignet sich das Kochwasser oder ein fertiger Fischfond am besten.

5. Wir benötigen etwa einen halben Liter Flüssigkeit, die nach und nach zugegeben wird, bis die gewünschte Konsistenz erreicht ist.

6. Verfeinert wird die Soße mit einigen Esslöffeln Sahne und nach Geschmack gewürzt mit Salz und Pfeffer.

7. Für eine kräftigere Farbe und zur Geschmacksverstärkung wird ein Ei aufgeschlagen und getrennt. Eigelb auffangen.

8. Das mit Wasser angerührte Eigelb kommt in die nicht mehr kochende Soße. Fertig ist die Grundsoße für (viele) Fischgerichte.

Fotos: S. Halletz

Kräutersoße(n)

(Aal, Barsch, Zander, Plattfisch, Wittling)

Helle Grundsoße wahlweise anreichern mit:
- 2 EL gehackte Petersilie.
- 2 EL Schnittlauch-Röllchen.
- 3 EL gemischten Kräutern: Petersilie, Schnittlauch, Dill, Kerbel, Basilikum gehackt oder was das Kräuterbeet sonst noch bietet.
- 2 EL Dill, frisch gehackt

Die Dillsoße ist der Klassiker zu Aal. Für die Grundsoße benutze ich aber statt Gemüsebrühe die gleiche Menge Fischfond (gibt es fertig zu kaufen) und würze mit Pfeffer, Salz, Zucker und einem Spritzer Zitronensaft.

Milde Kräutersoßen betonen bei Fischen mit zartem Fleisch deren Eigengeschmack.

Kräftig schmeckende Fische harmonieren gut mit würziger **Tomatensoße**.

Tomatensoße

(Hecht, Aal, Makrele, Hering)

40 g Butter
1 kleine Zwiebel, fein gehackt
100 g Tomatenmark
1 Knoblauchzehe, sehr fein gehackt
500 ml passierte Tomaten
1 große vollreife Tomate, abgezogen, entkernt und gewürfelt
3 EL Sherry
5 EL Kochsahne
Kräuter: Basilikum (1 Stiel), Thymian, Majoran, Estragon, Oregano
Salz, Pfeffer, Paprika und etwas Zucker.

Alle Kräuter fein hacken. Die Butter schmelzen, Zwiebel, Tomatenmark und Knoblauch darin anbraten. Die passierten Tomaten und die gewürfelte Tomate zugeben und aufkochen. Sahne, Sherry und die Kräuter unterheben und abschmecken.

Lachssoße

(alle Salmoniden)

60 g Butter
1 EL Mehl
500 ml Fischfond
250 ml Sahne
60 g Räucherlachs
Salz, weißer Pfeffer

40 g Butter schmelzen, Mehl einstreuen, aufschäumen und den Fischfond angießen. Kräftig zu einer Soße rühren. Die Sahne zugeben. Den Lachs mit 20 g Butter im Mixer pürieren und unter die Soße heben. Mit Salz und Pfeffer würzen (Rezept siehe S. 63).

Speziell für Salmoniden gedacht ist die mit püriertem Räucherlachs verfeinerte **Lachssoße**.

Fotos: K. Koch

Die süß-scharfe **Currysoße** gibt dem Fisch fernöstlichen Pfiff.

Currysoße

(Meerforelle, Seezunge, Steinbutt)

40 g Butter
1 – 2 EL Curry (je nach Schärfe)
1 EL Mehl
300 ml Milch
200 ml Kochsahne oder Kaffeesahne
1 Stück Ingwer (daumenlang, gerieben)
eine halbe Banane püriert
0,5 TL Salz

Butter schmelzen, Curry und Mehl einstreuen und aufschäumen. Milch und Kochsahne angießen und aufkochen. Ingwer und Banane unterheben. Mit Salz abschmecken.

Senfsoße

(Dorsch, Makrele, Hering)

80 g Butter
3 gehäufte EL Dijon-Senf, mittelscharf
1 EL Mehl
500 ml Milch
200 ml Kochsahne
1 Eigelb
je ein halber TL Salz, weißer Pfeffer, Zucker

Die Butter schmelzen, den Senf zugeben, mit dem Mehl aufschäumen. Die Milch zugeben und alles sehr schnell zu einer cremigen Soße aufschlagen und die Kochsahne zufügen. Vom Herd nehmen, das Eigelb (in wenig Wasser glattrühren) unterheben und würzen.

Senfsoße, der scharfe Klassiker für Dorsch und andere Meeresfische.

Die feine Säure der **Zitronensoße** passt gut zu Süßwasserfischen.

Zitronen-Soße

(Zander, Maräne, Karpfen, Schleie)

40 g Butter
1 EL Mehl
500 ml Fischfond
5 EL Kochsahne, Crème fraiche oder Schmand
1 Eigelb
trockener Weißwein (nach Geschmack)
Salz, weißer Pfeffer, Wein, Zitronensaft, Zucker

Aus den oben genannten Zutaten eine Grundsoße herstellen. Das Eigelb einrühren, mit Zitrone und Wein pikant abschmecken. ■

Die Sommerhaus-Kiste

Nie mehr suchen, nie mehr vergessen. Alles was man braucht, um Fische vorzubereiten und zu kochen, ist komplett in Karl Kochs Sommerhaus-Kiste versammelt.

Ich will angeln, meine Frau Inge will Fische kochen. Eine perfekte Symbiose. Aus ihr ist entstanden, was wir in unserer Familiensprache die „Sommerhaus-Kiste“ nennen. Diese Schatzkiste enthält alles, was man zum Zubereiten von Fischen unbedingt haben muss, aber nichts, was man nicht braucht. 40 Jahre geballte Erfahrung mit Angelurlaub in dänischen Sommerhäusern stecken in ihr.

„Sommerhus“ nennt der Däne sein Wochenendhaus, eine Art billigere Zweitausgabe des ersten Wohnsitzes. Solche Häuser kann man privat zur besten Angelsaison erstaunlich günstig mieten, häufig in traumhafter Lage zum Wasser, aber nicht immer auf Anglerbedürfnisse ausgerichtet. Und im Gegensatz zu den Ferienhäusern der professionellen Anbieter auch nicht immer perfekt ausgestattet.

Wer hier Urlaub macht, kommt sich manchmal vor wie in einem Secondhand-Shop. Es kann sein, dass man 4 Zitronenpressen findet, aber nur ein stumpfes Messer, oder 3 Käsehobel, aber keine Pfanne. Aus solchen Fundgruben ist die Sommerhaus-Kiste erwachsen als Lebensversicherung gegen unliebsame Überraschungen. Dank unserer Schatzkiste kommt der Satz „hab ich vergessen“ bei uns nicht mehr vor. Allerdings nur, wenn man niemals etwas heraus nimmt, sondern immer alles vollständig in der Kiste belässt.

Vier luftdicht schließende Behälter für Mehl, Zucker, Salz und Paniermehl. Darunter von links: Gurkenhobel, Sparschäler, Korkenzieher, Dosenöffner.

Alles was man braucht, um Fische zuzubereiten, ist in einer Kiste versammelt. Selbst der passende Fisch-Topflappen fehlt nicht (vorausgesetzt der Nachwuchs „verspielt" ihn nicht).

Messerscharf von links: Küchen- und Flossenschere, Sägemesser, Kartoffelschälmesser, Filetiermesser, Hackmesser. Unten Schleifstein zum Nachschärfen.

Von links: Schmortopf mit Deckel, beschichtete Pfanne, großer Pfannenwender.

Von links: Fischtopflappen, harte Bürste, Fischschupper, Klatsche gegen lästige Fliegen.

Fotos: K. Koch

In unserer Kiste befinden sich:

1 Sägemesser (zum Durchtrennen der Wirbelsäule)
1 Filetiermesser
1 Kartoffelschälmesser
1 Hackmesser
1 Schleifstein (Grob- und Feinschliff)
1 Schmortopf mit Deckel
1 beschichtete Pfanne
1 Pfannenwender
1 Fischschupper
1 Küchen- und Flossenschere
1 Dosenöffner
1 Korkenzieher mit Kapselheber
1 Sparschäler
1 Gurkenhobel
1 harte Bürste (zum Säubern der Leibeshöhle)
2 Tisch-Sets
1 Rolle Küchentücher
2 Topflappen
4 dicht schließende Behälter mit Mehl, Zucker, Salz und Paniermehl
1 Fliegenklatsche (Fischgeruch lockt Fliegen)

Die Gewürzkiste:

Fischgewürz-Mischung
Getrockneter Dill
Majoran
Oregano
Curry
Pfeffer
Getrocknetes Basilikum
Cayenne-Pfeffer
Thymian
kleine Pfeffermühle
Kräuterbrühwürfel
fertige Gewürzbeutel zum Kochen: 3 Teebeutel mit 2 Lorbeerblättern, 5 Pimentkörner, 1 TL Senfkörner, 10 Pfefferkörner.

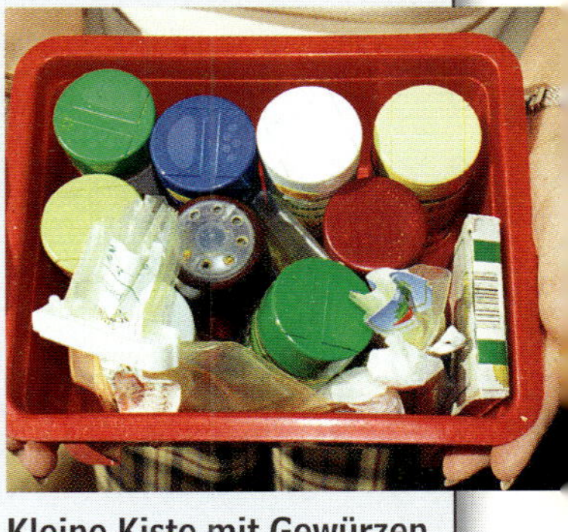

Kleine Kiste mit Gewürzen für jeden Geschmack.

Aal

Größere Fangmengen kommen in den Räucherofen. Aber auch anders zubereitet ist Aal eine Top-Delikatesse.

Scharfe Sahne

Das Angeln an einem gewittrigen Abend bescherte uns ein halbes Dutzend guter Aale. Zwei fanden ihre Bestimmung in einer pikanten Sahnesoße mit Curry.

Zutaten für 4-5 Personen:

2 Aale von je 400 Gramm
1 Zwiebel
4 Schalotten
40 Gramm Butter
1 Gläschen Kognak
1 große Knoblauchzehe
1 Esslöffel Curry-Pulver
1/8 Liter Sahne
2 Tomaten oder 1 Paket gestückelte Tomaten
Salz, Pfeffer
etwas Cayennepfeffer
gehackte Petersilie

Zubereitung:

Die Aale küchenfertig zubereiten, in fünf Zentimeter lange Stücke schneiden, pfeffern und salzen. Die Zwiebeln und die Schalotten fein hacken, in der heißen Butter blond werden lassen. Den Fisch hinzufügen und bei starker Hitze ca. 10 Minuten anbraten, mit dem Kognak übergießen und flambieren. Die gehäuteten und gestückelten Tomaten sowie den gehackten Knoblauch zufügen. Mit Salz, Pfeffer und Curry würzen. Weitere 10 Minuten auf kleiner Flamme köcheln.
Anschließend die Fischstücke herausnehmen und warmstellen. Die Soße durchseihen und wieder aufs Feuer stellen. Die Sahne in die köchelnde Soße einrühren und dann unter ständigem Schlagen mit dem Schneebesen dick werden lassen. Den Fisch in die Soße zurücklegen.
Mit dem Cayennepfeffer abschmecken, eventuell nachwürzen. Das fertige Gericht in eine tiefe Schüssel füllen und mit der gehackten Petersilie bestreuen. Dazu eignen sich frisches Weißbrot und ein knackiger Gurkensalat als Beilage.

●●● braucht Zeit - scharf

Kalorien pro Portion: ca. 760

Voll entflammt

In unserer Familie gibt es einige Rezepte, die niemals vergessen werden dürfen, weil sie unüberbietbar lecker sind. Dazu gehört der flambierte Aal. Wer ihn einmal probiert, angelt nur noch auf Aal.

Zubereitung:

Die Aale küchenfertig zubereiten, in ca. 5 cm lange Stücke schneiden, salzen und pfeffern. Die Zwiebeln sehr fein hacken und in der Butter hell anbraten. Den Fisch zugeben, bei starker Hitze einige Minuten anbraten, dabei häufig wenden. Mit dem Kognak übergießen und flambieren. Das Tomatenmark mit wenig Wasser verdünnen und zusammen mit dem Knoblauch, Salz, Pfeffer und Curry dem Gericht zufügen, danach alles nochmals zehn Minuten auf kleiner Flamme köcheln lassen.
Die Fischstücke herausnehmen und warm stellen. Die Soße durchseihen, die Sahne einrühren und für zwei Minuten unter ständigem Schlagen mit dem Schneebesen dick werden lassen. Den Fisch zum Erwärmen in die Soße zurücklegen. Nach Geschmack nachwürzen.
In einer nicht zu tiefen Schüssel mit Petersilie bestreut servieren. Dazu passt frisches Baguette.

●● gehaltvoll - raffiniert

Kalorien pro Portion: ca. 950

Zutaten für 4 Personen:

1 kg Aal
3 Zwiebeln
40 g Butter
1 Glas Kognak
1 EL Tomatenmark
1 gr. Knoblauchzehe
200 g flüssige Sahne 30%
1-2 TL Curry-Pulver
Salz, Pfeffer,
Cayennepfeffer,
gehackte Petersilie

● = Einfach ●● = Etwas aufwändiger ●●● = Braucht Zeit

ARezepte: I. Koch, Fotos: K. Koch, Zeichnungen: J. Scholz

Zutaten für 2 Personen:

500 Gramm Aal, am besten daumendick
Salz, Pfeffer, Mehl
Fett zum Braten
Für die Quarksoße:
250 Gramm Quark
(40 Prozent Fett)
250 Gramm Magerquark
1 Bund Schnittlauch
Pfeffer, Salz

Stark in Quark

Aalstücke braten, gleichzeitig Kartoffeln kochen, Salat anrichten, Quarksoße rühren - und in 20 Minuten wird serviert!

Zubereitung:

Die Aale küchenfertig zubereiten, in fünf Zentimeter lange Stücke schneiden und mit Salz und Pfeffer bestreuen. Den gewürzten Fisch etwas durchziehen lassen. Dann trocken tupfen, in wenig Mehl wenden und in sehr heißem Fett braten.
Für die Soße Quark und Magerquark miteinander vermischen, pfeffern, salzen und den klein geschnittenen Schnittlauch unterheben.
Dazu passen ganz ausgezeichnet ein Gurkensalat und Pell- oder Salzkartoffeln.
● schnell - einfach
Kalorien pro Portion: ca. 850

Barsch

Unter den harten Schuppen steckt ein ganz feiner Fisch.

Zutaten für 2-3 Personen:

6 – 8 kleine Barsche
3 Esslöffel Mehl
2 Esslöffel Öl
2 Zwiebeln
2 Möhren
4 Knoblauchzehen
1 knapper Teelöffel getrockneter Thymian
1/2 Liter Weißweinessig
1/4 l Wasser
3 Esslöffel Zucker
4 Teelöffel Salz
8 Pfefferkörner
5 Pimentkörner
2 Lorbeerblätter
12 gefüllte Oliven

Süßsaure Zwerge

Kleinbarsche machen Angler sauer. Ein Fehler, denn gebraten und sauer eingelegt erfreuen sie den Gaumen.

Zubereitung:

Die Fische abziehen und küchenfertig säubern, salzen, in Mehl wenden und von beiden Seiten goldbraun braten. Die Zwiebeln in Ringe, die Möhren in Stifte schneiden, den Knoblauch fein hacken. Die Pfanne säubern. Die Zwiebelringe und den Knoblauch im restlichen Öl glasig dünsten. Die gestiftelten Möhren und den Thymian hinzufügen. Die restlichen Gewürze in einen Teebeutel füllen. Wasser und Essig in die Pfanne gießen und den Gewürzbeutel hineingeben.
Den Sud bei schwacher Hitze rund 5 Minuten zugedeckt köcheln lassen.
Die Fische in eine Schüssel schichten und den Sud darüber gießen. Die Oliven halbieren und hinzufügen. Zwei Tage kühl stellen. Dazu passen deftige Bratkartoffeln und ein Salat.

●●● braucht Zeit - für kleine Fische
Kalorien pro Portion: ca. 410

Nicht immer fängt man Zweipfünder. Dann lohnt das Einlegen der Barsche.

Zwei flotte Italiener

So liegen sie richtig, unsere Barsche: auf Gemüse gebettet in der Würze italienischer Kräuter. Für dieses Rezept dürfen die Fische ruhig etwas größer sein.

Für die Zubereitung auf einem Gemüsebett sollten die Barsche zuvor nicht gehäutet, sondern nur geschuppt werden.

Zutaten für 2 Personen:

2 Barsche von je 500 Gramm
3 Zitronen
300 Gramm Kartoffeln
2 Bund Lauchzwiebeln
2 große Fleischtomaten
6 Knoblauchzehen
6 Esslöffel Öl
6 Zweige Rosmarin
4 Blätter Salbei
1/8 Liter Weißwein
100 g schwarze Oliven
1 Bund Petersilie
Salz, Paprika, Pfeffer

Zubereitung:

Die Barsche gründlich schuppen (auch wenn's schwer fällt), danach ausnehmen und mit Zitronensaft, Salz und Pfeffer einreiben. Die Kartoffeln schälen und würfeln, Lauchzwiebeln waschen und in zwei Zentimeter dicke Ringe schneiden. Auch den Knoblauch hacken, danach alles zusammen mit zwei Esslöffel Öl rund zehn Minuten anbraten. Von zwei Rosmarinzweigen die Nadeln abzupfen und zerkleinern. Rosmarinnadeln mit Pfeffer, Salz und Paprika zu den Zwiebeln hinzufügen. Die Barsche trocken tupfen, in die Bauchhöhle je zwei Zweige Rosmarin und die Salbeiblätter legen. Den Fisch auf eine unbehandelte, halbierte Zitrone (Schnittfläche nach unten) setzen, damit er nicht umfällt. Die Form mit Öl einreiben, das Gemüse darin verteilen. Die Fische darauf setzen und im vorgeheizten Ofen bei 220 Grad Celsius 10 Minuten dünsten. Die Tomaten abziehen, in dicke Scheiben schneiden. Den Wein, die Tomaten und die Oliven hinzufügen und alles weitere 15 Minuten garen. Zum Schluss mit der gehackten Petersilie bestreuen und mit Kartoffeln und Blattsalat servieren.

●● etwas aufwändig - raffiniert
Kalorien pro Portion: ca. 720

Groß in Soße

Zwei dicke Barsche von 40 cm schienen uns sehr geeignet für ein ganz einfaches, aber sehr wohlschmeckendes Rezept.

Zubereitung:

Die küchenfertigen Barsche (Haut abziehen) mit Zitronensaft beträufeln, salzen und für einige Zeit kalt stellen. Das Wasser mit dem Gewürz-Teebeutel (siehe Tipp S. 34) zum Kochen bringen. Die Barsche hinein legen und bei milder Hitze gar ziehen lassen. Inzwischen die Butter schmelzen, die Milch hinzufügen und kurz aufkochen. Den Soßenbinder einstreuen, mit Salz abschmecken. Zum Schluss die gehackte Petersilie untermischen. Als Vorspeise passen dazu Fleischtomaten, mit Mozarella-Käse belegt.

● einfach - Schonkost
Kalorien pro Portion: ca. 190

Zutaten für 4 Personen:

2 Barsche á 750 g
Zitronensaft
heller Soßenbinder
30 Butter
1/2 l Milch
1 Bund Petersilie
Salz

für den Sud:

1,5 l Wasser
1 Esslöffel Salz

Gewürzmischung, bestehend aus:

3-4 Lorbeerblätter
10 Pfefferkörner
1 TL Senfkörner
5-8 Pimentkörner
4-6 Wacholderbeeren

Hecht

Unser beliebtester Angelfisch. Nicht nur beim Fang, auch in der Küche braucht er Einfallsreichtum.

Riesig lecker

Mein Schreck war riesig, als mein Mann mit einem 22pfündigen Hecht vor der Tür unseres Sommerhauses stand. Mein erster Gedanke: Der schmeckt nicht mal. Denkste: Große Hechte sind eine schnelle Delikatesse - dank Mikrowelle.

Zutaten für 4 Personen:

800 g Hechtfilet
Kräuteressig, Zitronensaft, Salz für die Marinade
100 g Speck (durchwachsen)
1 große Zwiebel
6 Paprikaschoten (grün, rot, gelb)
3 kleine Zucchini
250 g Champignons
1 EL Öl
1 Paket Tomaten (gestückelt)
1/8 Liter 10-prozentige Kaffeesahne
Kräuterbutter

Zubereitung:

Hecht filetieren und die Filets in Kräuteressig, Zitrone und Salz etwa 1 Stunde marinieren. Speck und Zwiebeln würfeln und im Öl anbraten. Das Gemüse grob zerkleinern und zunächst die Paprika 5 bis 7 Minuten (E-Herd Stufe 6) mitschmoren. Dann die Zuccini für weitere 5 Minuten zugeben. Würzen.
In einer Extra-Pfanne die grob zerkleinerten Champignons mit je einem Esslöffel Öl und Essig solange schmoren, bis die Flüssigkeit verdampft ist. Die geschmorten Pilze und die gestückelten Tomaten zu dem Gemüse geben und gut mischen. Alles in eine Mikrowellen-Form geben.
Die Filets abtupfen, auf dem Gemüse verteilen, mit Sahne begießen und mit Kräuterbutter dekorieren. Abgedeckt bei 1000 Watt für 10 bis 12 Minuten in der Mikrowelle garen.
●● auch fürs Ferienhaus geeignet
Kalorien pro Portion: ca. 460

Aufgespießt zur Party

Eine Grillparty mit Überraschungseffekt: Hecht-Spieße als Alternative zu Wurst und Fleisch! Da greift mancher Gast beidhändig zu.

Zutaten für 4 Personen:

700 Gramm Hechtfilet
2 große rote Paprikaschoten
200 g durchwachsener Speck
2 große Zwiebeln
200 Milliliter Öl
je 1 Esslöffel Rosmarin, Basilikum, Thymian (getrocknet)
Salz, Pfeffer, Cayenne (nach Geschmack)
8 Holzspieße, 20 cm lang

Tipp: Verwenden Sie keine Metall-Spieße, da das Grillgut darauf zu leicht verrutscht.

Zubereitung:

Filet in 2 Zentimeter große Würfel schneiden. Paprika, Speck und Zwiebel ebenfalls würfeln. Die Zutaten abwechselnd auf die Spieße reihen. Aus Öl und den Gewürzen eine Marinade herstellen. Die Spieße hineinlegen und von allen Seiten mit der Marinade beträufeln. Eine große Pfanne erhitzen und die Fisch-Spieße für 20 Minuten garen, dabei öfter wenden. Das Fischfleisch sollte weiß aussehen. Dazu passen wahlweise kräftige Soßen (zum Beispiel Tomaten- oder Curry-Soße) und ein frisches Baguette.
● einfach - für Gäste
Kalorien pro Portion: ca. 500

Ab ins Krautbett

Sauerkraut und Hecht – nicht schlecht. Das Hechtfleisch wird angenehm mürbe und verliert seine Strenge. Es schmeckt zart-säuerlich.

Zubereitung:

Wir benötigen einen Bräter mit Deckel. Die Äpfel schälen und stückeln. Einen Esslöffel Pflanzenfett schmelzen und die Apfelstücke darin weich dünsten. Das Sauerkraut hinzufügen, mit den Äpfeln mischen und eventuell nach Geschmack zuckern. Das Kraut etwas an den Rand schieben, und die beiden Hechtschnitten hineinlegen.
Zugedeckt ca. 25 Minuten bei mittlerer Hitze dünsten.
Inzwischen den Speck und die Zwiebel in einem Esslöffel Fett anbraten, pfeffern und die gehackte Petersilie unterheben.
Die Hechtschnitten auf eine Servierplatte legen, einen Teil der Speck/Zwiebelmischung in die Bauchhöhle füllen und das Sauerkraut um den Fisch herum drapieren. Die Petersilie mit dem Rest der Mischung auf den Fischschnitten verteilen.
Als Beilage sind Pellkartoffeln perfekt, es schmeckt aber ebenso auch mit Salzkartoffeln.
●● etwas aufwändig - raffiniert
Kalorien pro Portion: ca. 400

Zutaten für 2 Personen:

2 Hechtschnitten von je 200 - 250 Gramm
2 Äpfel
2 Esslöffel Pflanzencreme
500 Gramm Sauerkraut
50 Gramm Schinkenwürfel, sehr fein geschnitten
1 mittelgroße Zwiebel, fein gehackt
1 Bund Petersilie
Pfeffer, Zucker nach Geschmack

Tipp: Bei diesem Rezept wird der Fisch weder gesäuert noch gesalzen, weil das Sauerkraut selbst bereits genügend würzt.

Das dicke Ende

Keine Hechtsuppe ohne Hechtschwanz, sagen erfahrene Fischköche. Wir haben den Hechtschwanz diesmal auf Gemüse zubereitet. Auch nicht übel.

Zutaten für 4 Personen:

800 g Hecht (Schwanzstück)
2 Knoblauchzehen
1 mittelgroße Zwiebel
2 gelbe Paprikaschoten
400 g Kartoffeln
2 Stangen Lauch
50 g Schinkenspeck in Würfeln
Majoran (frisch oder getrocknet),
100 g Butter
1/8 Liter Weißwein
Salz, Pfeffer, Zitronensaft

Tipp: Zum Servieren den Fisch der Länge nach teilen, die Mittelgräte entfernen und dann quer in vier gleich große Portionen teilen.

Zubereitung:

Den küchenfertigen Hechtschwanz mit Zitronensaft gut einreiben, salzen und pfeffern und ruhig ein Stündchen stehen lassen.
Den Knoblauch und die Zwiebeln sehr fein hacken. Die Paprika und die Kartoffeln würfeln, den Lauch in Ringe schneiden. Den Speck ebenfalls würfeln.
Eine feuerfeste Form mit Butter ausstreichen. Die Zutaten mischen und in der Form verteilen. Pfeffern, salzen und 30 Minuten bei 200 Grad Celsius im vorgeheizten Ofen schmoren. Den Majoran von den Stielen zupfen, hacken und auf die Mischung streuen. Den Fisch darauf setzen und mit Butterflöckchen belegen. Den Wein angießen. Alles für weitere 30 Minuten bei 220 Grad Celsius garen.
Butterkartoffeln und ein frischer Salat sind die geeigneten Beilagen.
●● würzig - braucht etwas Zeit
Kalorien pro Portion: ca. 450

Fein verbunden

Zu einem Mai-Hecht kann man ruhig einmal Spargel servieren. Eine feine Gurkensoße passt sowohl zu dem zarten Gemüse als auch zu dem kräftigen Fischgeschmack.

Zutaten für 2 Personen:

ca. 400 g Hechtfilet
Pfeffer, Salz, Zitrone für die Marinade
ca. 500 g Spargel

Für die Soße:

30g Butter oder Margarine
1 mittelgroße Zwiebel
1 Salatgurke
150 Gramm Crème fraîche light (15%)
1 Bund Dill
Öl, Zucker nach Geschmack

Zubereitung:

Die enthäuteten Hechtfilets säuern, salzen, pfeffern und für eine Weile kühl stellen. Spargel waschen, schälen und eventuell holzige Enden abschneiden.
Für die Soße die Zwiebel hacken, in der Butter hell anbraten und die geschälte, entkernte und in Stücke geschnittene Gurke hinzufügen. Alles bei geschlossenem Topf weich dünsten, danach mit dem Schneidstab pürieren. Die Crème fraîche und den gehackten Dill hinzugeben und mit Pfeffer, Salz, Zucker und einem Spritzer Zitronensaft würzen.
Öl in einer Pfanne heiß werden lassen, die abgetupften Filets hineinlegen und die Pfanne verschließen. Bei mittlerer Hitze gar dünsten. Gleichzeitig den Spargel in kochendem Wasser 5 – 10 Minuten gar dünsten. Filets mit einigen Butterflöckchen belegt zu dem Spargel und der Soße servieren. Dazu passen Kartoffeln.

●● braucht etwas Zeit

Kalorien pro Portion: ca. 400

Tipp: Ziehen Sie vom Hecht vor dem Verarbeiten (oder Einfrieren) immer die Haut ab. In ihr konzentriert sich der etwas strenge und nicht von jedermann geschätzte Geschmack des Hechtes.

Liebling in Wein

Ein schönes Stück Hecht, eine gute Flasche Wein. Das sind die Grundlagen für ein Rezept, das schnell zum Lieblingsgericht avancieren kann.

Zutaten für 2 Personen:

500 Gramm Hecht im Stück
200 Gramm Champignons
1 Zwiebel
30 Gramm Fett
1/8 Liter Gemüsebrühe
1/4 Liter Weißwein
1 Flasche 10-prozentige Kaffesahne
Zitronensaft
Pfeffer, Salz, Zucker
Soßenbinder (hell)
2 Esslöffel Kräutermischung (frisch oder tiefgekühlt)

Zubereitung:

Das 500 Gramm schwere Hechtstück in vier gleich große Stücke (Karbonaden) schneiden. Die Stücke mit Zitronensaft beträufeln, salzen und beiseite stellen. Die Champignons blättrig, die Zwiebel in Würfel schneiden und im Fett andünsten. Mit der Brühe und dem Wein ablöschen, pfeffern und salzen. Die Hecht-Karbonaden in den Sud legen und für 12 bis 15 Minuten leise köcheln lassen. Anschließend die Karbonaden wieder heraus nehmen und warm stellen. Jetzt die Kaffeesahne in die entstandene Soße geben, mit Zucker, Pfeffer, Salz und Zitronensaft abschmecken. Dann die Soße mit dem Soßenbinder und den Kräutern fertig stellen. Butterkartoffeln passen dazu.

●● für Großhechte geeignet

Kalorien pro Portion: ca. 370

Karpfen

Er bringt reichlich Fleisch auf den Tisch.

Starke Steaks

Ähnlich rot wie Beefsteak sah das Fleisch des vierpfündigen Schuppenkarpfens aus, den mein Mann gefangen hatte. Da bot sich das Filetieren und anschließende Braten wie ein Steak von selbst an.

Zutaten für 2 Personen:

1 Karpfen, ca. 2 kg
0,5 l Weißwein
5 Schalotten
20 g Butter
200 g Shiitake-Pilze (aus dem Asia-Shop)
200 g Champions
1 Becher Crème fraiche (15% Fett)
Soßenbinder (hell)
1 Zitrone
Öl, Pfeffer, Salz, Zucker
Paniermehl
Petersilie

Zubereitung:

Aus dem Fisch die Filets herausschneiden und diese in 4 cm breite Streifen portionieren. In 0,5 Liter Weißwein für eine Stunde marinieren. Für die Soße die Schalotten in der Butter glasig dünsten. Die Pilze hinzugeben, alles salzen und pfeffern und rund 15 Minuten schmoren. Mit dem Marinade-Weißwein ablöschen und die Crème fraiche unterrühren. Die Soße bei Bedarf mit hellem Soßenbinder etwas andicken. Mit Pfeffer, Salz, Zitrone und einer Spur Zucker abschmecken. Die Karpfen-Steaks gut abtupfen, pfeffern, salzen, panieren und in Öl kross braten. Auf einer Platte anrichten, die Soße darüber verteilen und mit Petersilie bestreuen. Dazu passen Pellkartoffeln, Weißbrot und ein knackiger Salat.

●● etwas aufwändig - delikat

Kalorien pro Portion: ca. 455

Schüsselfertig im Sommer

Karpfen schmeckt nicht nur zu Weihnachten oder Silvester. Dieser im Sommer gefangene Sechspfünder war in Wein gegart eine leckere Mahlzeit.

Zutaten für 4 Personen:

1 Karpfen, ca. 3 kg
1 Glas Sardellen
1 Glas Kapern
1/2 Zitrone
50 Gramm Butter
1 Bund Petersilie
0,5 l Weißwein
Salz

Zubereitung:

Den Karpfen in vier Portionsstücke zerlegen, gut salzen und für eine Stunde im Kühlschrank ruhen lassen. In der Zwischenzeit eine feuerfeste Auflaufform gut buttern.
Wenn die Karpfenstücke durchgezogen sind, die Fischstücke in die Auflaufform legen, die gehackten Sardellen, gehackte Kräuter und die Kapern darüber streuen. Dann noch Zitronenscheiben und Butterflöckchen darauf legen und den Wein angießen.
Das Gericht bei 200 Grad im vorgeheizten Ofen dünsten und dabei gelegentlich mit dem sich bildenden Sud begießen. Nach 40 Minuten ist der Karpfen fertig gegart.
Als Beilage eignet sich ein frisches Baguette. Wer möchte, kann noch 50 Gramm gebräunte Butter extra reichen.

● einfach - braucht Zeit

Kalorien pro Portion: ca. 600

Rezept und Foto: IDK Medienservice/ Blinker

Himmlisch blau

Karpfen-Menü im Festtagskleid. Der klassische „Karpfen blau" hat nicht nur eine himmlische Farbe, er schmeckt auch himmlisch.

Zubereitung:

Backofen vorheizen. Den Karpfen schuppen, dabei darauf achten, dass die Schleimhaut nicht zu sehr verletzt wird. Die innere weiße Bauchhaut des Karpfens mit reichlich Salz herausreiben. Fisch mit kaltem Wasser ausspülen und mit Küchenkrepp trocken tupfen. Innen leicht pfeffern. Die Äpfel waschen und an einem Ende flach abschneiden. Den Fisch über den Äpfeln so im Fischtopf oder auf der Fettpfanne des Bratrohres anrichten, dass er senkrecht steht. Im Stieltopf Wasser und Essig erwärmen und den Karpfen damit begießen. Karpfen 5 Minuten ruhen lassen, dann ins Backrohr schieben und garen (ca. 45 Minuten bei 220 Grad).

Beigaben:

Petersilienkartoffeln, süß-sauer angerichteter Blattsalat, zerlassene Butter, Zitronensaft, Sahnemeerrettich.

●●● Festessen - für Gäste

Kalorien pro Portion: ca. 550

Zutaten für 4 Personen:

1 küchenfertiger Karpfen, ca. 2–2,5 kg
150 ml Wasser
150 ml Essig
2 große Äpfel (Boskop), ersatzweise 2 große geschälte Kartoffeln
Pfeffer, frisch gemahlen
Salz

Voll kross

Karpfen gebraten ist eine nicht ganz übliche Zubereitungsart: Aber wer die gebratenen Filets einmal probiert hat, wird zum Fan der „Bratküche".

Tipp: Den Kartoffelsalat vor dem Servieren kurz in der Mikro anwärmen.

Zutaten für 4 Personen:

1 Karpfen, 2 - 2,5 kg
2 Esslöffel Öl
2 EL Paniermehl
Salz, Pfeffer

Zubereitung:

Den Karpfen filetieren, aber nicht häuten. Die Filets so portionieren, dass pro Person rund 200 bis 250 Gramm Fischfleisch zur Verfügung stehen. Die Karpfenstücke salzen, pfeffern und gründlich panieren. Von beiden Seiten braten. Die Haut wird besonders kross und ist sehr schmackhaft.
Dazu passen ein lauwarmer Kartoffelsalat (siehe unten) und knackiger Feldsalat.
Für den **Kartoffelsalat** braucht man Pellkartoffeln, die schon am Vortag gekocht und angemischt werden. Schale abziehen, in gleichmäßig dicke Scheiben schneiden. Marinade mischen aus Gemüsebrühe, Öl, Essig, Senf, Zucker, Pfeffer und Salz. Die Kartoffeln hinein geben. Durchwachsenen Speck und Zwiebeln würfeln und in der Pfanne anbraten. Gewürzgurken würfeln, zu den Kartoffeln geben, alles mischen und dann über Nacht durchziehen lassen. Stellen Sie ruhig eine größere Menge her, denn gut gekühlt ist der Salat fünf bis sechs Tage haltbar.

● einfach - fürs Ferienhaus geeignet
Kalorien pro Portion: ca. 450

Rest-Sülze

Je größer der Karpfen, desto glücklicher der Angler. Was macht man aber, wenn von dem Groß-Karpfen noch ein Rest bleibt? Wir haben daraus Karpfen-Sülze gemacht.

Zubereitung:

Die Karpfen-Reste werden von Haut und Gräten restlos befreit, das Fleisch zerpflückt. Den Fischsud mit Essig, Salz und Zucker nach eigenem Geschmack pikant abrunden, heiß werden lassen und die Pulver-Gelatine einstreuen. Nicht kochen! Die Dekoration (Ei, Tomaten- oder Gurkenscheiben, Zitrone und Petersilie) in einer Schüssel anordnen. Zunächst die Hälfte des Fischfleisches darauf verteilen. Dann ein wenig Flüssigkeit darüber gießen. Nun die andere Hälfte des Fisches einfüllen. Jetzt so viel Sud auffüllen, dass der Fisch komplett bedeckt ist. Über Nacht in den Kühlschrank stellen. Am nächsten Tag zum Essen aus der Form stürzen. Majoran-Kartoffeln und grüner Salat sind eine passende Beilage.

●● Resteverwertung - kalt
Kalorien pro Portion: ca. 250

Tipp: Majoran-Kartoffeln bereitet man wie folgt zu: Rohe, geschälte Kartoffeln werden geschnitten und in Öl rasch angebraten. Zwiebeln, Salz und Majoran darauf verteilen und auf kleinerer Flamme langsam fertig garen. Dabei vorsichtig wenden.

Zutaten

Karpfenfleisch
Pulver-Gelatine
(1 Tüte pro 0,5 Liter)
Essig, Zucker und Salz nach Geschmack
Ei, Tomaten- oder Gurkenscheiben,
Zitrone und Petersilie zum Verzieren

Schleie

Kleiner als Karpfen, aber auch noch feiner.

Sommergrün

Ein glasklarer See im Harz bescherte eine bildschöne Sommer-Schleie von zwei Pfund. Ein idealer Fang für „Schleie grün".

Zubereitung:

Den Fisch ausnehmen, schuppen, gut abtrocknen, mit Zitronensaft beträufeln, salzen und dann für rund eine Stunde in den Kühlschrank stellen.
Den Speck, eine Zwiebel und die Hälfte der Champignons fein würfeln. Einen Esslöffel Petersilie zugeben und alles kurz anbraten. Einen Esslöffel Paniermehl hinzufügen, alles mit dem Gemüse vermengen und in die Bauchhöhle der Schleie füllen. Eine Bratenform mit Öl auspinseln und den Fisch hineinlegen. Die zweite Hälfte der Champignons, die andere Zwiebel und die Kartoffeln grob würfeln, für fünf bis sechs Minuten anbraten, mit Salz und Paprika würzen und die Mischung um den Fisch herum in der Bratenform verteilen. Den Ofen auf 180 Grad Celsius vorheizen, dann das Gericht für rund 40 Minuten (2. Einschubleiste von unten) garen. Hin und wieder mit etwas Gemüsebrühe angießen. Die restliche Petersilie mit der Butter und einem Esslöffel Paniermehl vermischen und die Mischung etwa zehn Minuten vor Ende der Garzeit auf den Fisch streichen. Gleichzeitig werden auch die in Stücke geschnittenen Lauchzwiebeln um den Fisch verteilt.

●● etwas aufwändig - dekorativ

Kalorien pro Portion: ca. 685

Zutaten für 2 Personen:

1 große Schleie (wahlweise auch 2 kleine Portionsschleien)
50 Gramm durchwachsener Speck
2 Zwiebeln
250 Gramm Champignons
20 Gramm Butter
200 Gramm Kartoffeln
2 Esslöffel Paniermehl
1 Bund Lauchzwiebeln
1 Bund Petersilie
1/8 l Gemüsebrühe
Zitronensaft, Salz, Pfeffer, milder Paprika, Öl nach Geschmack

Mit (Ge)Nuss

Schleienangeln ist etwas für Genießer, denn meistens sind die Fangpätze malerisch und verschwiegen. Schleien sind aber auch leckere Speisefische. Für sie gilt also: Mit Genuss gefangen, mit Nuss gefüllt und mit Genuss verzehrt.

Zutaten für 2 Personen:

2 Portionsschleien
2 Schalotten
1 Bund glatte Petersilie
80 Gramm Butter
2 Esslöffel Semmelmehl
1/2 Teelöffel gestoßener Pfeffer
50 Gramm gemahlene Haselnüsse
Salz

Zubereitung:

Schleien ausnehmen und säubern, anschließend von außen und innen salzen. Die Schalotten fein würfeln und die Petersilie hacken. 60 Gramm Butter mit allen Zutaten zu einer homogenen Masse verkneten. Die Schleie mit der Buttermischung füllen, aber etwas davon für die Dekoration zurückbehalten. Mit den restlichen 20 Gramm Butter eine feuerfeste Form ausstreichen. Die gefüllten Schleien hineinlegen und im vorgeheizten Ofen bei rund 220 Grad Celsius auf der zweiten Einschubleiste von unten für 30 bis 40 Minuten garen. Erst kurz vor dem Ende der Garzeit ein Nusshäufchen auf jeden Fisch garnieren und etwas auseinander laufen lassen. Dazu serviert man Kartoffelbrei und frischen Gurkensalat.

● einfach - gehaltvoll

Kalorien pro Portion: ca. 700

Quappe

Dafür lohnt es sich, im Winter bei Eiseskälte am Wasser auszuharren.

Glanzstück

Nur wenige Fische schmecken besser als die Aalquappe. Und mit unserer Quappe in Alu-Folie setzen Sie einen Glanzpunkt auch in der einfachsten Küche.

Zutaten für 4 Personen:

2 Aalquappen von je 400–500 g
3 Esslöffel Zitronensaft
2 Esslöffel mittelscharfer Senf
75 Gramm Räucherspeck
1 Bund Petersilie
1 Bund Dill
1 Bund Schnittlauch
2 Esslöffel Öl
1 Zitrone
Pfeffer aus der Mühle
Salz
Alu-Folie

Zubereitung:

Fische ausnehmen und gründlich waschen. Mit Zitronensaft beträufeln und salzen. Innen und außen mit Senf bestreichen. Den Räucherspeck fein würfeln, die Kräuter hacken. In einem Esslöffel Öl anbraten und mit Pfeffer würzen.
Für jede Quappe ein Stück Folie einölen. Den Fisch darauf setzen und die Mischung darüber verteilen. Die Folien schließen und im vorgeheizten Ofen bei 220 Grad Celsius rund 35 Minuten garen. Die Folien vorsichtig öffnen und die Fische auf einer Servierplatte anrichten. Mit Zitronenscheiben dekorieren und mit Salzkartoffeln servieren.
● einfach - delikat
Kalorien pro Portion: ca. 450

Rezepte: Inge Koch, Fotos: Karl Koch

Wels

Als Kapitaler begehrt, in der Küche nur selten zu finden. Aber wenn, dann...

Pikante Schnitten

Angler wollen kapitale Welse am Haken, Feinschmecker hingegen kleine auf dem Teller. Ein guter Kompromiss sind Welse, die so groß sind, dass man sie in Scheiben schneiden kann.

Zutaten für 2 Personen:

4 Wels-Koteletts zu je 150 Gramm
1 grüne Paprikaschote
1 Zwiebel
6 Tomaten
2 Knoblauchzehen
50 Gramm schwarze Oliven
20 Gramm Butter
1,5 Esslöffel Öl
2 Esslöffel Mehl
Salz, Pfeffer, je 1/2 Teelöffel Oregano, Thymian, Basilikum

Zubereitung:

Die Wels-Scheiben salzen, pfeffern, in wenig Mehl wenden und kurz von beiden Seiten anbraten. Die Paprikaschote in Streifen und die Zwiebel in Ringe schneiden. Die Tomaten häuten, entkernen und würfeln. Den Knoblauch und die Oliven hacken. Alles im Bratfett etwa zehn Minuten dünsten und dabei die Gewürze einstreuen. Eine Bratform fetten, den Fisch hineinlegen und das Gemüse darauf verteilen. Anschließend Butterflöckchen auf den Fisch setzen. Im vorgeheizten Herd bei 200 Grad Celsius für 20 Minuten garen.

Kleiner Tipp bei Tisch: Mit Stangenweißbrot lässt sich die köstliche Soße gut aufstippen.

●● braucht etwas Zeit

Kalorien pro Portion: ca. 550

Für die Küche sollte ein Wels nicht zu groß sein. Der hier ist optimal.

Ein Stück China

Das Schwanzstück eines Welses hat viel Fleisch. Wir haben es im Ganzen auf China-Gemüse gedünstet.

Zutaten für 4 Personen:

1 kg Wels (Schwanz)
1 Chinakohl
200 g Shiitake-Pilze (wahlweise auch dunkle Champignons)
2 Stangen Lauch
2 Möhren
1 Glas Bambussprossen (175 g Einwaage)
2 Esslöffel Öl
China-Gewürz, Soja-Soße, Curry, Pfeffer, Salz

Zubereitung:

Den Fisch waschen und gut trocken reiben. Das Öl in einer Pfanne erhitzen und zunächst den in Streifen geschnittenen Kohl, anschließend nacheinander auch die anderen Gemüse kurz anschmoren und würzen. Alles in eine Auflaufform schichten, den Fisch darauf setzen, ein wenig pfeffern und etwas salzen. Im auf 200 Grad vorgeheizten Ofen auf der mittleren Einschubleiste für rund 50 Minuten garen. Das fertige Gericht kann man natürlich stilecht mit Reis reichen, aber alternativ auch mit Baguette- oder Ciabatta-Brot servieren.

●● asiatisch angehaucht

Kalorien pro Portion: ca. 500

Zander

Nicht umsonst ist er ein Liebling moderner Spitzenköche.

Gratin mit Garantie

Jeder Fang ist in der Küche willkommen. Doch für einen Zander gibt es ein Extralob, denn Zander schmecken am besten –gratiniert garantiert!

Zutaten für 4 Personen:

800 g Zander-Filet
50 g Butter
Semmelbrösel
Zitronensaft
4 kleine Zwiebeln
8 Sardellen-Filets
2 Becher saure Sahne
Salz

Zubereitung:

Filets mit Zitronensaft beträufeln, salzen und kühl stellen. Eine feuerfeste Form (Auflauf-Form) mit Butter ausreiben, Semmelbrösel einstreuen und die Filets in die Form legen. Die Zwiebeln in Butter andünsten und auf dem Fisch verteilen. Die Sardellen-Filets feinwiegen, mit der Sahne verquirlen und über den Fisch gießen. Alles mit den Semmelbröseln bestreuen und mit Butterflöckchen besetzen. Dann die Filets im vorgeheizten Ofen bei 200 Grad für rund 20 Minuten überbacken und in der Form servieren. Dazu passen ein knackiger Gurkensalat und Kartoffelbrei.

● einfach - würzig

Kalorien pro Portion: ca. 270

Ein edles Paar

Zander gepaart mit grünem Spargel, das ist edler Fisch und edles Gemüse. Wer würde da Nein sagen?

Zubereitung:

Den Zander ausnehmen, Kopf, Schwanz und Flossen abschneiden, die Haut abziehen. Trockentupfen, dann mit Salz und Pfeffer innen und außen einreiben. Für rund eine Stunde kühl stellen und ziehen lassen. Den Backofen auf 200 Grad Celsius vorheizen. Eine ovale Auflaufform mit Öl einreiben, den Fisch hineinlegen, eventuell ein wenig nachsalzen und mit Butterflöckchen belegen. Dann für rund 20 Minuten im Backofen garen. Für die Soße die Butter zerlassen, mit der Brühe und dem Wein ablöschen, anschließend die Sahne dazu gießen. Salz, Zucker und Zitronensaft nach Geschmack hinzufügen. Wenn nötig, wird die Soße mit hellem Soßenbinder oder einem Esslöffel Mehl angesämt. Zum Schluss die Soße vom Feuer nehmen und erst dann Eigelb einrühren. Letzter Arbeitsschritt: Den Fisch auf einer Servierplatte mit dem Spargel und den Kartoffeln anrichten. Etwas Soße darauf verteilen, mit einigen Zitronenscheiben dekorieren und sofort servieren.

●●● aufwändig - raffiniert

Kalorien pro Portion: ca. 480

Zutaten für 2 Personen:

1 Zander, ca. 1 Kilogramm
1 kg grüner Spargel
300 g Kartoffeln
20 g Butter
1 Esslöffel Öl

für die Soße:

30 g Butter
1/8 Liter Gemüsebrühe
1/8 l Weißwein
1/8 l Sahne
Salz, weißer Pfeffer, Zucker,
2 Zitronen
heller Soßenbinder (falls notwendig)
1 Eigelb

Rein in die Kräuter

Sollte jemand bei Ihnen am Tisch sitzen, der noch nie einen einheimischen Fisch gegessen hat, dann liegen Sie mit diesem Rezept genau richtig. Ihr Gast wird sich gleich für den nächsten Zander vormerken lassen.

Zutaten für 4 Personen:

1 Zander von 1,5 kg
50 Gramm Butter
1 Bund Petersilie
1 Bund Dill
1 Bund Schnittlauch
Zitronensaft, Salz

Für die Soße:

50 Gramm Butter
1 bis 1,5 Esslöffel Mehl
0,25 Liter Gemüsebrühe
1 Fläschchen Kaffeesahne (12 Prozent Fett)
2 Eier, hartgekocht
Senf, Pfeffer und Zucker nach Geschmack

Zubereitung:

Von jedem Kräuterbund jeweils einige Stängel Dill, Petersilie und Schnittlauch für die Dekoration beiseite legen. Anschließend alle Kräuter hacken und unter die weiche Butter mischen. Den Fisch abtupfen, rundherum mit der Kräuterbutter-Mischung bestreichen und den Rest in die Bauchhöhle geben. Auf ein großes Stück Alu-Folie setzen, gut verschließen und im vorgeheizten Herd bei 200 Grad Celsius rund 60 Minuten garen. Für die Soße die Butter schmelzen. Erst den Senf, dann das Mehl hinzufügen und unter ständigem Rühren die Gemüsebrühe angießen. Die Sahne und den Zucker zur Soße geben und milde abschmecken. Die Eier klein hacken und unter die Soße heben. Pellkartöffelchen, Brokkoli und feine Möhrchen passen gut zu dem Gericht.

●● braucht etwas Zeit

Kalorien pro Portion: ca. 420

Festlich mit Flusskrebs

Zwei Delikatessen, Zander und Flusskrebs – das gibt ein kulinarisches Fest. Wenn Sie einen Grund zum Feiern haben, empfehle ich dieses außergewöhnliche Rezept.

Zutaten für 2 Personen:

500 - 600 Gramm Zanderfilet
50 Gramm Butter
1 Schalotte
100 Gramm Champignons
1/8 Liter Weißwein
1/4 Liter Sahne
3 Eigelb
etwas Fischfond oder Gemüsebrühe
Salz
weißer Pfeffer, Zitronensaft, Öl und Zucker
100 g Flusskrebse (aus dem Supermarkt)

Zubereitung:

Auf die Filets etwas Zitronensaft geben, salzen und für einige Zeit in den Kühlschrank stellen.
40 Gramm Butter erwärmen, die sehr fein gehackte Schalotte darin andünsten, die blättrig geschnittenen Champignons hinzufügen und mit dem Fischfond ablöschen. Leise schmoren, bis die Flüssigkeit fast verdampft ist. Etwas Mehl darüber streuen. Nun den Wein und die Sahne einrühren. Kurz aufkochen und vom Herd nehmen. Die Eigelb mit einigen Esslöffeln der heißen Flüssigkeit glattrühren und zur Soße geben. Mit Salz, Pfeffer, Zitronensaft und Zucker abschmecken. Zum Schluss das Krebsfleisch unterheben. Mit zehn Gramm Butter eine feuerfeste Form fetten, die trockengetupften Filets hineinlegen, würzen und mit einigen Butterflöckchen belegen. Bei rund 200 Grad Celsius im vorgeheizten Ofen 20 Minuten dünsten.

●●● raffiniert - für Gäste

Kalorien pro Portion: ca. 510

Brassen

Kiloschwere Klopse

Klopse, Buletten, Frikadellen: Wer sie aus Weißfisch statt aus Hackfleisch zubereitet, muss etwas Vorarbeit leisten. Und eine anglerische Herausforderung bestehen: Die Brassen, die wir für unsere Buletten brauchen, sollten schon kiloschwere Brocken sein. Erst ab 50 Zentimeter Länge liefern sie die passenden Filets.

Zutaten für 2-3 Personen:

500 g Brassenfilet
1 Brötchen (altbacken)
1 Zwiebel
Kräuter (z.B. frische Petersilie)
1 Ei
1 EL Flüssigwürze (z.B. Maggi)
Salz, Pfeffer, Paprika (evtl. etwas Curry)
Öl zum Braten

1. Die Brassen werden mit reichlich Kochsalz abgerieben. Das Entschleimen verhindert, dass sie beim Filetieren wegglitschen.

2. Verwertet wird nur das fleischige Rückenfilet. Dazu sticht man das Filetiermesser hinter dem Kopf ein und führt es entlang der Mittelgräte nach hinten.

3. Hinter dem Kopf schneidet man senkrecht nach unten bis zur Seitenlinie und führt dann das Messer entlang der Mittelgräte nach hinten.

5. Mit flach gehaltenem Messer trennt man nun die Haut von den Filets. Zwischendurch ruhig mal das Messer nachschleifen.

6. Die Hauptarbeit ist getan. Jetzt geht es ab in die Küche. Doch vorher schneiden wir die Filets noch in kleine Brocken.

7. Unentbehrliches Zubehör: Zur Herstellung des Hacks brauchen wir eine Küchenmaschine oder einen Fleischwolf.

Rezept und Fotos: R. Schwarzer/ AW

rassen gibt es in Massen. Je
rößer sie sind, desto besser
ignen sie sich zum Essen.

Zubereitung:

Fische filetieren (siehe Fotos unten) und zerkleinern. Brötchen gut einweichen, kräftig ausdrücken. Zusammen mit dem Fischfleisch durch den Wolf drehen und in eine große Schüssel geben. Zwiebel fein hacken, Petersilie klein schneiden. Mit dem Ei zur Farce geben, würzen und vermischen.

Aus dem Teig handtellergroße Klopse formen. Eventuell etwas Paniermehl zugeben, damit der Teig besser hält. Öl in einer Pfanne erhitzen und die Frikadellen darin goldbraun braten. Möglichst nur einmal wenden.

●●● aufwändig - für Gäste

. Auf Höhe der Afterflosse rennt man das Filet vom Körer, der Schwanzstiel gibt nicht iel her. Den Vorgang wiederhoen wir auf der anderen Seite.

. Fischfleisch zweimal durch ie feine Scheibe des Fleischvolfs drehen. Das macht den etzten Gräten den Garaus.

Aland

Auch ein kapitaler Aland ist in der Küche ein Genuss.

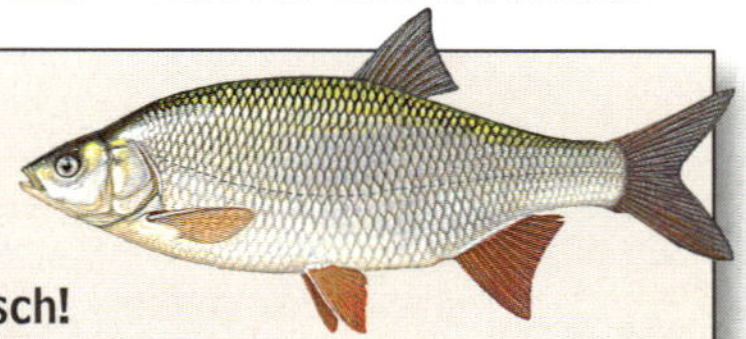

Weißfisch mit Pfiff

Von wegen langweiliger Weißfisch! Die aromatische Fülle einer Bärlauch-Creme gibt dem Aland Pfiff.

Zubereitung:

Fisch ausnehmen und schuppen. An der Rückenlinie einschneiden und die Rückenflosse heraustrennen. Auf beiden Seiten der Rückenlinie mehrfach V-förmig einkerben.

Champignons in Scheiben schneiden, mit Salz, Pfeffer und dem Essig schmoren. Aus der Pfanne nehmen. Zwiebeln und Speck würfeln und anbraten. Den größten Teil auf einem gefetteten Backblech verteilen, den Rest in die Bauchhöhle des Fisches geben. Backofen auf 220 Grad vorheizen.

Inzwischen die gehackten Kräuter mit der Butter, dem Paniermehl und der Bärlauch-Creme zu einer Paste verarbeiten. Diese Mischung in die Einschnitte des Fischrückens und in die Bauchhöhle streichen. Form in den Ofen schieben und ca. 15 Minuten garen. Danach die Creme fraiche mit dem Tomatenmark verrühren und über dem Fisch verteilen. Weitere 20 Minuten im Ofen garen. Dazu passen Salzkartoffeln oder Weißbrot.

●● gehaltvoll - braucht Zeit

Kalorien pro Portion: ca. 680

Zutaten für 4 Personen:

1 Aland von 1,5 kg
250 Gramm Champignons
Essig
Kräutersalz
Pfeffer
1 große Zwiebel
100 Gramm durchwachsener Speck
2 Esslöffel Bratfett
je 1 Bund Petersilie, Schnittlauch, Dill
50 Gramm Butter
2 Esslöffel Paniermehl
125 Gramm Bärlauch-Creme (Fertigprodukt)
1 Becher Creme fraiche
2 Esslöffel Tomatenmark

Rotaugen

Der kleine Weißfisch lohnt den Aufwand.

Im Dutzend knuspriger

Auch kleine Rotaugen können zur Delikatesse werden – ganz einfach in der Fritteuse. Aber ein Dutzend Plötzen sollten Sie schon gefangen haben.

Zutaten für 3-4 Personen:

12 kleine Rotaugen (je ca. 100 g)
Salz
ca. 3 kg Frittierfett

für die Panade:

150 g Mehl
50 g Paniermehl
15 g Salz
5 g weißer Pfeffer
10 g Würzmittel (z.B. Fondor)

Zubereitung:

Rotaugen schuppen, ausnehmen. Gut mit kaltem Wasser ausspülen. Köpfe mit der Schere abschneiden. Das Frittierfett soweit erhitzen, dass an einem in das Fett gehaltenen Holzlöffelstiel kleine Bläschen aufsteigen. Inzwischen die Zutaten für die Panade in einer Schüssel miteinander verrühren, dann auf den Teller geben. Die Fische in der Panade wälzen und in das heiße Fett geben. Nur zwei oder drei Fische zusammen im Fett ausbacken, danach das Fett erst wieder heiß werden lassen. Am Ende der Frittierzeit Fische mit dem Pfannenwender herausnehmen, kurz auf Küchenkrepp legen.
Mit Folienkartoffel und Schmand oder kernigem Brot servieren. Dazu passt ein gemischter Salat.

●● rustikal - braucht etwas Zeit

Kalorien pro Portion: ca. 350

Erst panieren...

... dann frittieren

Rezept und Fotos: Blinker/IDK

Zutaten pro Personen:

200 g Rotaugenfilet
1 – 2 Zwiebeln
½ l Essig
¼ l Wasser
1 – 2 Lorbeerblätter
1 TL Senfkörner
1 TL Pfefferkörner
1 EL Salz
1 TL Zucker
gemischte Kräuter: Petersilie, Dill, Rosmarin, Schnittlauch

Genuss mit Geduld

Selbst große Rotaugen werden gern zurückgesetzt. Ein kapitaler Fehler, wie man merkt, wenn man erst einmal Rotaugen-Filets in Marinade gekostet hat. Allerdings muss man auf den Genuss ein paar Tage warten.

Zubereitung:

Rotaugen schuppen und filetieren. Die Filets mit den Kräutern in eine Schüssel legen. Zwiebeln in Ringe schneiden. Wasser und Essig mit den Gewürzen und den Zwiebelringen aufkochen und abgekühlt über die Rotaugenfilets gießen. Die Fische in der Marinade abgedeckt mindestens 3 Tage im Kühlschrank ziehen lassen. 1 Stunde vor dem Essen aus dem Kühlschrank nehmen.
Dazu schmecken Schwarzbrot mit Butter und ein kühles Bier.

● einfach - lässt sich gut vorbereiten

Kalorien pro Portion: ca. 180

Die klassische „Rotgetupfte“ schmeckt in jeder Form.

Bachforelle

Im Ehrenkranz

Eine Bachforelle von zwei Pfund ist ein Traum. Ihr gebührt ein Ehrenkranz – und einer aus Spinat passt besser dazu als einer aus Lorbeer.

Zubereitung:

Die Forelle ausnehmen, trocken tupfen, mit Zitronensaft beträufeln, von innen und außen pfeffern und salzen, danach beiseite stellen. Die weiche Butter mit den gehackten Kräutern und der zerdrückten Knoblauchzehe verrühren. Den Fisch von beiden Seiten mit der Farce bestreichen. In einen Bräter setzen und im auf 200 Grad Celsius vorgeheizten Ofen auf der unteren Schiene ca. 35 Minuten garen. Zwischendurch nach 10 Minuten Garzeit die heiße Brühe angießen. Den fertigen Fisch später auf eine Servierplatte legen und warm stellen. Den Bratenfond mit der Creme fraiche verrühren, erhitzen, mit Salz, Pfeffer, Zitronensaft und etwas Zucker abschmecken. Die entstandene Soße bei Bedarf mit etwas Soßenbinder andicken und zum Fisch servieren. Den Blattspinat garen, die Zwiebel in Butter anschwitzen und den Spinat (gut abgießen) darin schwenken und um die Forelle verteilen.

Mit Baguette-Brot servieren.

●● raffiniert

Kalorien pro Portion: ca. 380

Zutaten für 2 Personen:

1 Bachforelle
ca. 1 Kilogramm (oder andere große Forelle)
1 Esslöffel Butter
1 EL gehackter Dill
1 EL gehackte Petersilie
1 EL Kerbel (frisch oder getrocknet)
1 Knoblauchzehe
150 g Creme fraiche
100 ml Gemüsebrühe
Zitronensaft, Salz, Pfeffer und Zucker
1 Paket Blattspinat (450 Gramm)
1 kleine Zwiebel

In Schönheit erstarrt

Zutaten für 2 Personen:
2 Bachforellen á 300 g
1 Liter Wasser
1,5 Tassen Essig
1 Zitrone
1 Zwiebel
1 Bund glatte Petersilie
1,5 Esslöffel Salz
1 Teelöffel Zucker
2 bis 3 Cherry-Tomaten
1 Paket Gelatine

Gewürze für den Sud:
6 Pimentkörner
1 Esslöffel Senfkörner
10 Pfefferkörner
2 Lorbeerblätter

Dill-Mayonnaise:
1 Glas Mayonnaise verrührt mit:
1 Bund Dill (gehackt),
2 Tl Senf, 1 Spritzer Zitronensaft, weißer Pfeffer, Salz und evtl. Zucker

Damit die kleinen Schönheiten richtig zur Geltung kommen, haben wir sie – hübsch dekoriert – in Gelee konserviert.

Zubereitung:

Die Fische ausnehmen und säubern, dann mit Salz und Zitrone einreiben und beiseite stellen. Die Gewürze in einen Teebeutel geben. Die Zwiebel in Ringe schneiden.
Wasser, Essig, Zucker und Salz zum Kochen bringen. Den Gewürzbeutel und die Fische hineinlegen und für zehn bis zwölf Minuten ganz leise köcheln lassen. Die Fische herausnehmen, in eine Form legen und mit der grob gehackten Petersilie umkränzen. Die Tomaten halbieren, von der Zitrone zwei bis drei Scheiben abschneiden und und mit den Zwiebelringen um die Fische drapieren. Einen halben Liter Sud erneut erwärmen, aber nicht kochen. Die Gelatine darin auflösen, alles abschmecken und über die Fische gießen. Die Aspiklösung mit den darin befindlichen Forellen erstarren lassen – am besten über Nacht.
Dazu sollten Sie Dill-Mayonaise reichen, um den Geschmack abzurunden, und Bratkartoffeln oder Ciabatta-Brot.

●● kalorienarm - lässt sich vorbereiten
Kalorien pro Portion: ca. 200

Sonntagsfang

Nicht alltäglich, wenn die letzte Bachforelle der Saison gleich 50 Zentimeter lang ist. Mit ganz alltäglichen Zutaten schmeckt sie dann auch noch wie ein Sonntagsessen.

Statt einer kapitalen Forelle tun's auch zwei kleinere für dieses Rezept.

Zutaten für 2 Personen:
1 große Forelle (oder 2 kleine)
1 Zitrone
6 Tomaten
6 Lauchzwiebeln
2 Esslöffel gehackte Petersilie
40 g Butter
300 ml Fischfond
2 Esslöffel Tomatenmark
heller Soßenbinder
Salz und Pfeffer nach Geschmack

Zubereitung:

Den küchenfertig gesäuberten Fisch säuern, salzen und für eine Stunde in den Kühlschrank stellen. In der Zwischenzeit die Tomaten häuten, entkernen und das Fruchtfleisch stückeln. Die Lauchzwiebeln in Ringe schneiden und die Petersilie hacken. Den Backofen auf 200° Grad Celsius vorheizen. Eine Bratenform gut einbuttern und die Gemüsemischung darin verteilen. Alles pfeffern und salzen sowie mit einem Esslöffel gehackter Petersilie bestreuen. Anschließend den Fisch hineinlegen, Butterflöckchen darauf verteilen und den Fischfond angießen. Das Gericht für etwa 40 Minuten im Ofen dünsten, dann vorsichtig herausnehmen und auf einer Servierplatte warm halten.
Die Gemüsemischung mit der Soße in einen Topf geben und etwas einkochen lassen. Dabei zwei Esslöffel Tomatenmark und die restliche Butter zufügen, alles nachwürzen und nötigenfalls mit hellem Soßenbinder andicken. Die Soße um den Fisch verteilen, mit einem Esslöffel Petersilie bestreuen und sofort zu Tisch bringen.

●● braucht etwas Vorbereitungszeit
Kalorien pro Portion: ca. 380

● = Einfach ●● = Etwas aufwändiger ●●● = Braucht Zeit

Regenbogenforelle

Würzig mit Pilz

Gefüllt mit Speck, Pilzen und Kräutern, außen mit gebratenen Champignons bedeckt, wird aus einer Regenbognerin eine deftige Würzforelle.

Zubereitung:

Die Forellen ausnehmen, schuppen, waschen, dann mit Salz und Pfeffer einreiben und mit Zitronensaft beträufeln.
Vier Champignons in Scheiben schneiden, beiseite stellen. Die Zwiebel, den Speck und die übrigen Champignons sehr fein würfeln, die Kräuter hacken. Alles zusammen mit der Butter und dem Paniermehl zu einer festen Masse verbinden und in die Bauchhöhle der Fische füllen.
Den Bräter fetten, die Fische hineinlegen und im vorgeheizten Ofen bei 200 Grad Celsius für 30 Minuten garen.
Die Champignon-Scheiben in dem Öl ganz kurz anbraten.
Die Fische auf eine Servierplatte legen, die Champignon-Scheiben und gehackte Kräuter darauf verteilen. Ein Kartoffelsalat ergibt eine schmackhafte Beilage.
●● einfach - würzig
Kalorien pro Portion: ca. 400

Zutaten für 2 Personen:

2 Regenbogenforellen, je 350 g
Salz, Peffer, Zitronensaft
150 g Champignons
1 mittelgroße Zwiebel
50 g durchwachsener Speck
1 Bund Petersilie
1 Bd. Dill
1 Esslöffel Butter
1 ELPaniermehl
Fett für den Bräter
1 EL Öl

Regenbogenforellen sind beliebte Besatzfische. So pflegeleicht wie im Gewässer sind sie auch in der Küche.

Gut gefüllt

Bei einem Ködertest ging eine schöne Regenbogenforelle an den Haken. Pikant gefüllt und mit einer Sahnesoße ergab sie eine leckere Mahlzeit für zwei.

Zutaten für 2 Personen:

1 große Regenbogenforelle, 500 - 600 g
3 Esslöffel Zitronensaft
2 Teelöffel Salz
1 TL Tomatenmark
1 TL Senf
2 große Zwiebeln
2 Stangen Porree
2 EL Butter
4 große Tomaten
1 Becher Crème fraiche (125 g)
2 EL frischer Dill

Zubereitung:

Den Fisch ausnehmen, schuppen, mit Zitronensaft und Salz würzen. Tomatenmark und Senf verrühren und in die Bauchhöhle des Fisches streichen. Eine Zwiebel fein hacken, die andere Zwiebel und den Porree in Ringe schneiden. Die Tomaten in dicke Scheiben schneiden. Den Backofen auf 200 Grad vorheizen. Die gewürfelte Zwiebel und den Porree in Butter anbraten und einen Teil in den Fisch füllen. Eine Auflaufform mit Butter einfetten und den Fisch hineinlegen. Das übrige Gemüse darauf verteilen. Die Crème fraiche mit einem Esslöffel Zitronensaft mischen und über den Fisch gießen. Die Tomatenscheiben darauf legen und in 30 Minuten garen. Mit Dill bestreut servieren. Dazu schmecken Pellkartoffeln und ein knackiger Salat.

●● für große Fische geeignet - gehaltvoll

Kalorien pro Portion: ca. 450

Meerforelle

Das ist ein besonderer Leckerbissen.

Leckerbissen mit Lachs-Soße

Der Fang einer kiloschweren Meerforelle ist ein außergewöhnliches Angelerlebnis. Für einen solchen Silberbarren braucht man auch ein außergewöhnliches Rezept.

Zubereitung:

Schalotten in Würfel, Champignons in Scheiben schneiden. Die Forelle abwischen, damit keine Schuppen ins Essen geraten, ausnehmen, Flossen abschneiden, waschen und salzen. Auf einer gut gebutterten Platte das Gemüse verteilen. Die Forelle darauf setzen, mit der Brühe und dem Wein begießen. Bei 200 Grad im Ofen 35 bis 40 Minuten garen und dabei gelegentlich begießen. Dann dem Fisch die Haut abziehen und ihn warm stellen.

Für die Soße 40 Gramm Butter schmelzen, 0,5 Liter Fischsud und die Sahne hinzufügen. Vom Räucherlachs drei schmale Streifen abschneiden, den Rest im Mixer zusammen mit der restlichen Butter zerkleinern und zur Soße geben. Mit Zitronensaft, Pfeffer und Salz abschmecken und mit Soßenbinder andicken. Das Gemüse um den Fisch verteilen, die Soße darüber gießen. Drei Scheiben Zitrone mit den Lachsstreifen verzieren und damit den Fisch garnieren. Mit Butterkartoffeln servieren.

●●● für die Festtafel

Kalorien pro Portion: ca. 690

Zutaten für 4-5 Personen:

1 Meerforelle (1–1,2 kg)
6 Schalotten
150 Gramm Champignons
1 Esslöffel Zitronensaft
1 ganze Zitrone
40 Gramm Butter
0,5 Liter Weißwein
1 Tasse Gemüsebrühe

Für die Soße:

60 g Butter
0,25 Liter Sahne
60 Gramm Räucherlachs
Salz, Pfeffer, heller Soßenbinder

Saibling

Ein Fisch des kalten Wassers, aber ein heißer Tipp für die Festtafel.

Feinstes Filet

Fast tut es weh, eine Schönheit wie den Bachsaibling in Filets zu zerlegen. Aber der exklusive Geschmack versöhnt.

Zubereitung:

Die Filets salzen, pfeffern und mit Zitronensaft beträufeln. Den Porree längst halbieren, gründlich waschen und dann in etwa vier Zentimeter lange Stücke schneiden. Die Äpfel schälen, entkernen und in einen Zentimeter dicke Spalten teilen. Den Ingwer hacken oder in hauchdünne Scheiben schneiden.
Eine Pfanne fetten, die Saiblingsfilets hineinlegen. Zugedeckt bei mittlerer Hitze etwa 15 Minuten dünsten. In einer zweiten Pfanne 20 Gramm Butter schmelzen, den Ingwer und die Äpfel hinzufügen und etwas Farbe annehmen lassen. Dann das Ganze warm stellen. Restliche Butter ebenfalls schmelzen, etwas Zucker hineinstreuen und karamellisieren. Den Porree, drei Esslöffel Wasser, Pfeffer und Salz hinzufügen, dann bissfest garen. Die Äpfel und den Ingwer zu dem Porree geben und mit der Sahne begießen. Die Filets zusammen mit dem Gemüse anrichten. Reis oder Kartoffeln sind eine passende Beilage.

●● für Liebhaber der asiatischen Küche

Kalorien pro Portion: ca. 420

Zutaten für 2 Personen:

2 Saiblingsfilets (je 250 Gramm)
2 Stangen Porree
2 Äpfel
40 g Ingwer
40 g Butter
150 ml Sahne
1 Zitrone
Salz, Pfeffer, Zucker

Gut gebräunt

Mit Sahne und Käse kross überbacken wird der (doppelte) Saibling zum (doppelten) Genuss.

Zutaten für 4 Personen:

2 Saiblinge je 500 - 600 g
Pfeffer, Salz, Zitrone
200 g Champignons
1 gr. Bund Petersilie
50 g Butter
2 EL Semmelmehl
1 Becher saure Sahne
100 g geraspelten Käse
2 Glas Weißwein

Zubereitung:

Saiblinge ausnehmen, würzen, mit Zitronensaft beträufeln und eine Weile kaltstellen. Die Champignons blättrig schneiden, die Petersilie hacken und beides in Butter kurz andünsten. Die abgetupften Fische in eine gebutterte Form legen, von innen noch mal pfeffern und salzen.
Die Champignon/Petersilien-Mischung über die Fische verteilen und mit Semmelbröseln bestreuen. Aus saurer Sahne und Käse eine Mischung herstellen und diese auf die Fische streichen. Butterflöckchen darauf verteilen, zwei Glas Weißwein angießen und im vorgeheizten Ofen bei 200 Grad rund 40 Minuten garen. Die Kruste muss schön braun werden.

● einfach - würzig

Kalorien pro Portion: ca. 520

Renke

Renke, Felchen oder Maräne: drei Namen, ein einziger Genuss.

Rezept und Foto: Sutdio Frisch/ Blinker

Vielseitige Müllerin

Für eine „Forelle Müllerin" wird der Fisch in Butter gebraten und mit Mandelblättern bestreut. Das Rezept eignet sich auch bestens für Renken, (Felchen, Maränen).

Zutaten für 4 Personen:

4 Renken
(Stück 300 – 350 g)
2 – 3 EL Zitronensaft
Salz, Pfeffer
400 g Fleischtomaten
Mehl zum Wenden
100 g Butterschmalz
50 g Butter
30 g Mandelblätter
1 Bund Schnittlauch

Zubereitung:

Ausgenommene Fische schuppen, Flossen abschneiden, innen und außen unter fließend kaltem Wasser waschen, mit Küchenkrepp abtrocknen. Fische innen und außen mit Zitronensaft beträufeln, salzen und pfeffern. 5 Minuten ziehen lassen.
In der Zwischenzeit Fleischtomaten mit kochendem Wasser überbrühen (Haut vorher am runden Ende mit scharfem Messer kreuzweise einritzen, dann pellen sie sich leichter). Kalt abschrecken, häuten, halbieren, entkernen und würfeln. Einfacher geht's mit einer Dose gewürfelte Tomaten, die Sie aber vorher abtropfen lassen müssen. Renken rundherum bemehlen, in heißem Butterschmalz von jeder Seite 3 bis 4 Minuten hellbraun braten. Felchen aus der Pfanne nehmen, warm stellen. Bratfett abgießen, Mandelblätter in der Pfanne unter Wenden anbräunen. Butter zugeben, aufschäumen lassen, Tomatenwürfel 1/2 Minute mit erhitzen. Schnittlauchröllchen zugeben und über die Felchen verteilen. Dazu schmecken Petersilienkartoffeln und ein knackiger Blattsalat.

● traditionell - gehaltvoll

Kalorien pro Portion: ca. 690

Dorsch

Ob Ostsee-Dorsch oder Nordsee-Kabeljau: Der Fang lohnt sich kulinarisch.

Eine Pfanne für Vier

Ein fünfpfündiger Dorsch, vor Helgoland gefangen und von meinem „Chef-Angler" fachmännisch filetiert, war genau richtig für vier Personen.

Zutaten für 4 Personen:

800 g Dorsch-Filet
1 kg Kartoffeln
3 große Zwiebeln
3 große Tomaten
80 g durchwachsener Speck
250 g Champignons
20 g Butter
1 Bund. Dill
1 -2 Esslöffel Balsamico- oder Rotweinessig
Salz, Pfeffer, Senf, Öl

Zubereitung:

Die Fischfilets säubern, trockentupfen und auf die Hautseite legen. Mit Senf bestreichen, salzen und pfeffern und den gehackten Dill darauf verteilen. Einige Dill-Fähnchen für die Dekoration zurückbehalten.
Die Kartoffeln und die Zwiebeln grob würfeln, den Speck fein würfeln. Die Champignons vierteln. Die Tomaten häuten, entkernen und in Streifen schneiden.
Den Speck im Öl anbraten; aus der Pfanne nehmen. Im gleichen Fett die Zwiebeln dünsten, herausnehmen. Die Champignons salzen, pfeffern und kräftig braten. Mit dem Essig ablöschen und solange schmoren, bis alle Flüssigkeit verdampft ist. Die rohen Kartoffelwürfel 20 Minuten braten. Alle Zutaten miteinander mischen. In eine feuerfeste Form füllen und die Filets darauf legen. Mit Butterflöckchen belegen und rund 20 Minuten im vorgeheizten Ofen bei 220 Grad Celsius dünsten.

●● würzig - leicht

Kalorien pro Portion: ca. 530

Knusprig gebratene Pfifferlinge und Zwiebeln werden auf den Filets verteilt, diese anschließend eingerollt und mit Holzstäbchen gehalten.

Nach 30 Minuten in einer Ei/Schmand-Mischung kommen die Röllchen so aus dem Ofen.

Auch optisch ein Genuss: Die Röllchen werden mit Gnocchi und einem Salat serviert.

Pfiffige Filets

Von einem Angelausflug brachte mein Mann eine ganze Baby-Badewanne voller Dorsche mit. Schön unterschiedlich groß, einige noch mit Kopf, andere schon als Filets. Und die kamen zuerst auf den Tisch.

Zutaten für 4 Personen:

8 Streifen Dorschfilet, ca. 5 cm breit (gesamt ca. 800 g)
200 g Pfifferlinge
1 Zwiebel
1 Bd. Petersilie
2 Eier
1 EL Semmelmehl
1/4 l Schmand
Pfeffer, Salz, Fett,
8 Holzstäbchen

Zubereitung:

Die Filetstreifen salzen und pfeffern. Die Pfifferlinge und die Zwiebel in Fett schön knusprig braten. Die Petersilie hacken und mit einem Eiweiß und dem Semmelmehl zu den Pfifferlingen in die Pfanne geben. Die Mischung auf den Filetstreifen verteilen, diese zu einer Rolle formen, mit den Holzstäbchen feststecken und in eine feuerfeste Auflaufform setzen. Inzwischen Schmand mit dem Ei verquirlen, mit Salz und Pfeffer würzen und über die Röllchen gießen. Im vorgeheizten Ofen bei 200 Grad 30 Minuten garen. Das Gericht mit Kartoffel-Nudeln (Gnocchi) und Salat servieren.

●●● raffiniert - für Gäste

Kalorien pro Portion: ca. 345

● = Einfach ●● = Etwas aufwändiger ●●● = Braucht Zeit

Eingesenft

Bei Dorsch denkt man fast sofort an Senfsoße. Auch mit diesem Rezept wollen wir der Tradition folgen, aber nur was den Senf betrifft.

Zutaten für 4 Personen:

1 küchenfertiger Dorsch von ca. 1,5 kg
100 g fetter Speck
600 g Kartoffeln
150 g Creme fraiche
2 Esslöffel mittelscharfer Senf
1 Bund Petersilie
2 EL Semmelmehl
4 große Fleischtomaten
Zitrone, Pfeffer, Salz

Wichtigster Zwischenschritt: Der Dorsch wird vor dem Garen in sein Senfkleid gehüllt.

Zubereitung:

Den Fisch mit Zitronensaft beträufeln, salzen und für etwa eine Stunde ziehen lassen.
Den Speck fein, die geschälten Kartoffeln grob würfeln. Die Creme fraiche mit dem Senf verrühren. Die Petersilie hacken und mit dem Semmelmehl mischen. Die Tomaten häuten und achteln.
Den Speck anbraten, die Kartoffeln roh dazu geben und beides schön Farbe annehmen lassen.
Den Fisch in eine Form legen, auf der sichtbaren Seite vier Mal einschneiden. Etwas salzen. Die Kartoffeln und die Tomaten hineinlegen, pfeffern und salzen. Die Creme-fraiche-Mischung auf dem Fisch verteilen. Im vorgeheizten Backofen bei 200 Grad auf der unteren Schiene rund 40 Minuten garen. Fünf Minuten vor Ende der Garzeit die Petersilien/Semmelmehl-Mischung auf dem Gericht verteilen.

●●● für Gäste - braucht Zeit
Kalorien pro Portion: ca. 660

Wittling

Klein, aber fein. Die Wittlinge nehmen zu als Beifang in der Ostsee.

Sommergast im Speckmantel

Wittlinge, diese feinen Fische, sind Sommergäste in der Ostsee und in den Fangeimern der Dorschangler. Sie gehören aber auf den Teller – gefüllt mit einer Kräutercreme und eingehüllt in einen Speckmantel.

Zubereitung:

Die Fische mit dem Zitronensaft beträufeln, salzen und für etwa eine Stunde kühl stellen.
Den Knoblauch, die Petersilie und den Dill hacken, etwas salzen und pfeffern und mit dem Käse verrühren. Diese Mischung in die Bauchhöhle der Fische streichen. Die Speckscheiben um die Fische wickeln und in eine Form legen. Bei 200 Grad und vorgeheiztem Backofen für etwa 25 Minuten garen.
Inzwischen die Schalotten würfeln und in der Butter glasig dünsten. Die Gemüsebrühe dazugeben und zusammen mit dem Rosmarinzweig etwas einkochen lassen. Diesen Sud ca. 10 Minuten vor Ende der Garzeit an den Fisch geben.
Pellkartoffeln und ein Tomaten-Salat sind die passenden sommerlichen Beilagen.

●●● raffiniert - braucht Zeit
Kalorien pro Portion: ca. 370

Zutaten für 2 Personen:

2 mittlere bis große Wittlinge (küchenfertig)
1 Zitrone
Salz, Pfeffer
1 Knoblauchzehe
1 Bund Dill
1 Bd. Petersilie
50 g Doppelrahm-Frischkäse
100 g durchwachsener Speck in dünnen Scheiben
2 Schalotten (Zwiebeln)
1 Esslöffel Butter
1/8 l Gemüsebrühe
1 Zweig frischer Rosmarin

Die Wittlinge werden mit einer Kräuter/Käse-Mischung gefüllt und mit Speck ummantelt.

Hering

Im Frühjahr kommt der Hering an die Küste. Und in die Küche.

Gefüllte Taschen

Die Heringe haben nur zögernd gebissen? Es muss nicht immer ein voller Eimer sein: Schon mit einem halben Dutzend Heringen lassen sich appetitliche Taschen füllen.

Die fertigen Heringstaschen vom Grill (oben) werden mit Stangenweißbrot und einer kalten Tomatensoße serviert (links).

Zutaten für 2 Personen:

6 grüne Heringe (küchenfertig)
2 EL Zitronensaft
2 rote Äpfel
2 Zwiebeln
3 EL Butter
1 Bd. Petersilie
Öl
Salz, weißer Pfeffer
Alu-Folie

Zubereitung:

Heringe waschen, aufklappen, eventuelle Eingeweidereste und die (Mittel-)Gräten entfernen, anschließend trockentupfen. Dann die Heringe auf Alufolie von jeweils 30 mal 30 Zentimeter Größe legen. Nicht vergessen: die Folie vorher mit Öl einpinseln! Den Fisch mit Zitronensaft, Pfeffer und Salz würzen. Die Äpfel vierteln und das Kerngehäuse entfernen, anschließend in dünne Spalten schneiden und auf die eine Hälfte der Fische legen. Die Zwiebel in dünne Scheiben schneiden und über den Apfel-Spalten verteilen. Butterflöckchen und die gehackte Petersilie darüber streuen. Jetzt die Heringe zusammenklappen und die Alu-Folie verschließen - so dass sie sich beim Wenden der Päckchen nicht öffnet! Den E-Grill vorheizen. Die Fisch-Päckchen von jeder Seite 15 Minuten grillen. Dazu reicht man ein knuspriges Baguette-Brot und Sugo (Tomatensoße).

●● einfach - für Gäste

Kalorien pro Portion: ca. 750

Tipp: Da man dieses Gericht vorbereiten kann und es sich sehr gut für den Holzkohlen-Grill eignet, ist es eine ideale Ergänzung für eine Garten-Party.

Zwei Heringe pro Minute

Ein Hering kommt

1. Wohl dem, der noch einen alten Drahtsetzkescher hat. Damit geht das Entschuppen fast wie von selbst: Heringe ordentlich im Wasser schütteln.

2. Für das Ausnehmen braucht man eine stabile Schere. Zuerst werden die Bauchlappen von hinten nach vorne abgeschnitten.

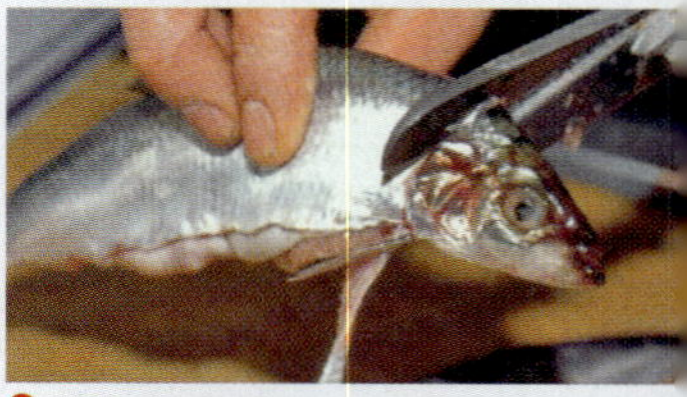

3. Ein Schnitt von oben ins Genick trennt den Kopf (aber nicht die Eingeweide!) vom Rumpf.

Fotos: F. Schlichting/AW

Salz und Salat

Eine altbewährte Methode, den Hering zu konservieren, ist es, ihn in grobes Küchensalz zu schichten. Das ergibt den beliebten Salzhering, aus dem man dann später einen klassischen Heringssalat zaubern kann.

Die Filets vom Salzhering werden mit Zwiebelringen und Schmand serviert, dazu ein kräftiges Bauernbrot.

Zutaten für 4-6 Personen:

Heringssalat

6 Salzheringe
350 g gekochtes Rindfleisch
350 g gekochte Rote Beete
300 g geschälte, entkernte Äpfel
300 g Delikatess-Gurken
50 g fein geschnittene Schalotten

für die Sauce:

100 ml Olivenöl
100 ml Apfelessig
1 EL mittelscharfer Senf
3 Messerspitzen gemahlener weißer Pfeffer
1 1/2 TL Zucker

Zubereitung:

Der erste Schritt zum Salzhering kann bereits am Angelplatz erfolgen. Als Behältnis dient ein Plastikeimer, auf dessen Boden erst eine Lage grobes Salz kommt. Dann werden Fische und Salz übereinander geschichtet. Zu Hause kann in andere Gefäße umgeschichtet werden.
Nach vier Wochen sind die Fische durchgereift. Anschließend wässert man die Salzheringe mit Wasserwechsel über Nacht.
Hat man den Fisch nicht schon am Angelplatz ausgenommen, muss man das jetzt tun. Danach die Fische entlang der Rückenlinie aufschneiden, mit der Messerspitze aufschlitzen und die Haut abziehen. Die Filets, am Kopf beginnend, mit dem Zeigefinger von der Mittelgräte und den Bauchgräten abdrücken. Mittelgräte abschneiden. Der so vorbereitete Hering kann filetiert (siehe Fotos) und „pur" gegessen oder zu einem traditionellen Heringssalat (siehe Zutatenliste) verarbeitet werden.
●●● zeitaufwändig - konserviert

Ausgenommene Heringe einsalzen und 4 Wochen säuern lassen.

Hering entlang der Rückenlinie mit der Messerspitze aufschlitzen.

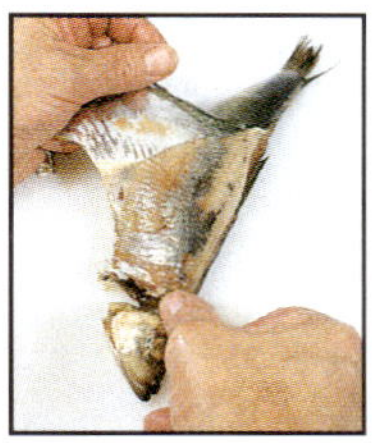

Die Haut am Kopf vom Filet lösen und beidseitig nach hinten abziehen.

Filet von der Mittelgräte lösen und an der Schwanzflosse abtrennen.

Fotos: Blinker/IDK Medienservice (5), A. Pawlitzki

elten allein. Wenn sich der Eimer schnell gefüllt hat, braucht es Tempo, um die Beute küchenfertig zu machen.

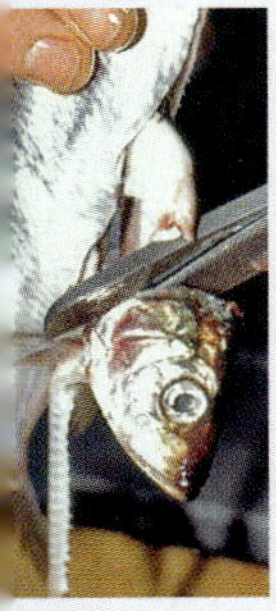

4. Kopf abknicken und die daran hängenden Innereien nach unten aus der Bauchhöhle ziehen. Wer will, kann Rogen oder Milch extra aufheben und später verwerten.

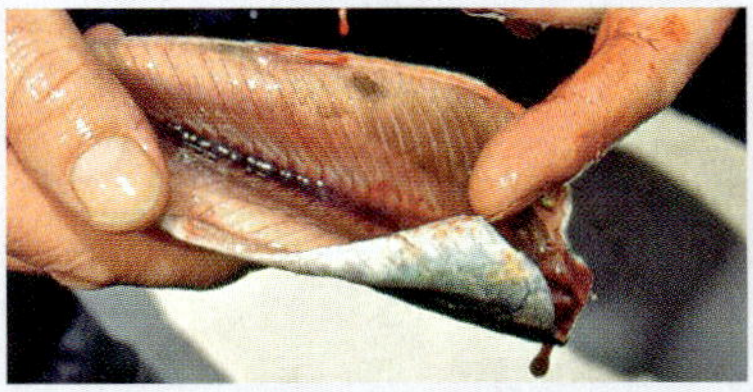

5. Die Nieren unter fließendem Wasser mit dem Fingernagel herausschaben, den Fisch auswaschen.

6. Ein Korb voll Hering, fertig zum Braten oder Einfrieren.

Makrele

Eine fette Beute - aber sehr gesund dank ihrer Omega 3- Fettsäuren.

Schnelle Helgoländer

Auf Helgoland fingen wir flinke Makrelen. Wie man deren Filets schnell und schmackhaft zubereitet, lernten wir auch auf der Insel.

Zutaten pro Person

200 g Makrelen-Filet
Senf
Salz
Pfeffer
Dill (frisch, gehackt)
Butterflöckchen
Öl für das Blech

Zubereitung:

Die gesäuberten, trockengetupften Filets werden in etwa fünf Zentimeter große Stücke geschnitten und mit der Hautseite nach unten auf ein eingeöltes Backblech gelegt. Die Oberseite der Filets anschließend mit Senf bestreichen, pfeffern und salzen, mit dem Dill bestreuen und mit Butterflöckchen belegen. Den Ofen auf 180 Grad Celsius vorheizen und die Fische 15 Minuten garen – und schon ist das leckere Abendbrot fertig! Dazu gibt es frisches, knackiges Baguettebrot und einen Gurkensalat.

● einfach - scnhell

Kalorien pro Portion: ca. 620

Voll in Folie

Sommerzeit ist Makrelen-Zeit. Da bietet es sich an, frische Makrelen-Filets für die Garten-Party lecker zu verpacken.

Zubereitung:

Die Makrelen filetieren. Die Filets säuern, salzen und beiseite stellen. Die Kartoffeln kochen, pellen.
Ein Stück Alu-Folie mit Öl bepinseln, die Kartoffeln in Scheiben in der Mitte darauf verteilen, anschließend salzen. Die Makrelen-Filets trockentupfen und auf die Hautseite legen. Die Kräuter und die Gewürze auf den Fisch streuen. Vorsichtig jetzt mit der Hautseite nach oben auf die Kartoffeln legen und die Oliven darüberstreuen. Dann die Alu-Folie zu Päckchen formen, aber oben offen lassen. Im vorgeheizten Herd bei 200 Grad für 15 Minuten garen. Danach in der Folie mit der Soße als Beilage servieren. Die Soße wird so zubereitet: 100 Gramm Pesto und 100 Gramm Creme fraiche miteinander verrühren – fertig.

● einfach

Kalorien pro Portion: ca. 560

Zutaten für 2 Personen:

2 Makrelen, je ca. 300 g
1 Esslöffel Olivenöl
4 Pellkartoffeln
1 EL gehackte Petersilie
1 EL gehackter Thymian
1 Teelöffel gemahlener Piment
50 g Oliven (ohne Stein)
1 Zitrone

Für die Soße:

100 Gramm Pesto
100 Gramm Creme fraiche
Pfeffer und Salz nach Geschmack

Nordsee mit Fernweh

Kein Nord/Süd-Konflikt, sondern geschmackliche Harmonie: Nordsee-Makrelen mit asiatisch angehauchter süß-saurer Soße.

Zubereitung:

Die Filets trocken tupfen, auf die Hautseite legen, pfeffern und salzen, in Mehl wenden und von beiden Seiten in Öl gold-gelb braten. Aus der Pfanne nehmen und warm stellen.
Die Mandeln ohne Fett gold-gelb rösten. Die Frühlingszwiebeln in dünne Scheiben schneiden, den Knoblauch zerdrücken, die Tomaten entkernen, das Fruchtfleisch in dünne Streifen schneiden.
Die Butter schmelzen, die Mandeln, den Knoblauch, die Frühlingszwiebeln und den Zitronensaft hinzufügen. Den Essig mit dem Honig verrühren und ebenfalls zur Soße geben, alles noch einmal aufkochen, abschmecken und auf den Makrelen-Filets verteilen. Mit gehacktem Basilikum und den Tomatenstreifen garnieren und sofort servieren.

●●● raffiniert - gehaltvoll

Kalorien pro Portion: ca. 720

Zutaten für 4 Personen:

800 Gramm Makrelen-Filet
50 g gehobelte Mandeln
4 Frühlingszwiebeln
2 Knoblauchzehen
2 Tomaten
4 EL Rotwein-/Balsamico-Essig
1 EL Honig
1 Bund gehacktes Basilikum
20 g Butter
Pfeffer, Salz, Zitronensaft,
Mehl zum Panieren
Öl zum Braten

Plattfische

Zutaten für 4 Personen:

1 Steinbutt von ca. 1 Kilo
(oder 2 große Flundern bzw. Schollen)
10 g Butter
1000 g mehlig kochende Kartoffeln
500 g Kohlrabi
500 g Möhren
750 ml Sahne
Muskatnuss
Pfeffer aus der Mühle
Salz

Tipp: **Die frisch geschälten Kartoffeln nicht in Wasser liegen lassen, da sonst die für die Bindung des Gratins wichtige Stärke herausgezogen wird. Damit die Kartoffelscheiben nicht braun werden, werden sie zuletzt aufgeschnitten und sofort ins Backblech geschichtet.**

Super-Steinbutt

Schade, dass wir ihn so selten erwischen... Der Steinbutt ist eine der größten Delikatessen aus dem Meer. So etwas Edles verträgt auch einfache Zutaten wie Möhren und Kartoffeln.

Zubereitung:

Backofen auf 220 Grad vorheizen. Steinbutt kalt abspülen, trocken tupfen, beiseite legen. Kartoffeln, Kohlrabi und Möhren schälen, Kartoffeln kalt abwaschen und trockentupfen. Alles in 3 Millimeter dicke Scheiben schneiden. Die Fettpfanne mit Butter ausstreichen. Die Scheiben in Reihen abwechselnd hintereinander schichten (zum Beispiel Kartoffel, Möhre, Kartoffel, Kohlrabi, Kartoffel usw.). Mit geriebener Muskatnuss, Pfeffer und Salz würzen.

Blech mit Alufolie abdecken und auf der zweiten Schiene von unten in den Ofen schieben. Alufolie nach 30 Minuten entfernen. Nach weiteren 15 Minuten Pfanne aus dem Ofen nehmen, den Fisch auf das Gratin legen, offene Gratinflächen mit Stücken von Alufolie abdecken und das Ganze wieder in den Backofen geben. Nach 15 Minuten die Pfanne herausnehmen und servieren. Beilage: Blattsalat.

●●● raffiniert - gehaltvoll

Kalorien pro Portion: ca. 960

Rezept und Foto: IDK

Ob Flunder, Kliesche, Scholle oder Steinbutt - für viele Brandungsangler an unseren Küsten ist alles „Butt". Köche und Feinschmecker unterscheiden aber sehr wohl zwischen den einzelnen Plattfisch-Arten.

Brandungs-Scholle

Brandungsangler los! Weite Würfe und saftige Wattwürmer bringen auch mal eine tolle Scholle an den Haken. Und gibt es etwas Besseres als gebratenes Schollenfilet?

Zutaten für 2 Personen:

500 Gramm Schollenfilet (oder Flunder)
40 Gramm Butter
1/4 Liter Gemüsebrühe
1/4 Liter Weißwein
100 Gramm Creme fraiche (oder Schmand 24%)
1 Eigelb
Zitronensaft, Salz, weißer Pfeffer, Zucker, Soßenbinder

Zubereitung:

Die Plattfischfilets mit Zitronensaft beträufeln, salzen und pfeffern. Beiseite stellen. Für die Soße 20 Gramm Butter schmelzen, mit Brühe und Wein ablöschen, den Soßenbinder einstreuen, aufkochen. Die Creme fraiche, das Eigelb und die Gewürze zufügen. Eigelb vorher in einer Tasse mit etwas kaltem Wasser verquirlen, damit es in der heißen Soße nicht gerinnt. Die Schollenfilets abtupfen, leicht nachsalzen und in der restlichen Butter braten.

● schnell - einfach

Kalorien pro Portion: ca. 500

Strand-Flunder

Was macht man in der Ferienhausküche mit den knackigen Flundern – gefangen am Strand in Dänemark? Vier besonders schöne Exemplare haben wir mit Zwiebeln und Kräutern herzhaft-würzig zubereitet.

Zutaten für 4 Personen:

4 Flundern je 200–250 g (ohne Kopf und Flossen)
4 Zwiebeln
100 g Speck (durchwachsen)
1 Zitrone
je 1 Bund Dill und Petersilie
Salz, weißer Pfeffer aus der Mühle
4 EL Öl zum Braten
Mehl zum Panieren

Zubereitung:

Die Flundern werden gesalzen, mit dem Zitronensaft gesäuert und anschließend für eine Weile kühl gestellt. In der Zwischenzeit werden die Zwiebeln in Ringe geschnitten, der Speck gewürfelt und die Kräuter gehackt.
Nachdem Salz und Zitronensaft einwirken konnten, werden die Plattfische trockengetupft, gepfeffert und ein zweites Mal nachgesalzen, weil viel Salz vom ersten Würzvorgang im Zitronensaft gelöst und so dem Fisch wieder entzogen wurde. Die Flundern danach in Mehl wenden und schön braun braten; anschließend warm stellen. Den Speck ausbraten und aus der Pfanne nehmen. Im Bratfett anschließend die Zwiebeln goldgelb braten und danach den Speck wieder dazugeben. Jetzt auch die gehackten Kräuter unterheben. Die ganze Mischung wird auf den Flundern verteilt und mit Zitronenscheiben belegt. Dazu passen Bratkartoffeln.

● fürs Ferienhaus geeignet - deftig

Kalorien pro Portion: ca. 480

Hornhecht

Lassen Sie sich von den grünen Gräten nicht abschrecken: „Hornis" schmecken!

Delikat auf Rügen-Art

Bei einem Angelurlaub auf Rügen lernten wir eine besondere Delikatesse kennen: Hornfisch in Aspik.

Zutaten pro Person:

- 1 Hornhecht (ca. 300g)
- 1 l Wasser
- 1 Tasse Essig
- 1 TL Salz
- 1 EL Zucker
- 1TL Pfefferkörner
- 2 Lorbeerblätter
- 5 Pimentkörner
- 5 Pfefferkörner
- 1 Päckchen Gelatine

Zubereitung:

Fisch(e) ausnehmen, schuppen sowie von Kopf und Schwanz befreien. In fingerlange Stücke schneiden, salzen und ziehen lassen. Das Wasser mit Essig, Salz und Zucker zum Kochen bringen. Die Gewürze in einen Teebeutel füllen und zugeben. Den Fisch hineingeben und in ca. 12 bis 15 Minuten garziehen lassen.
Anschließend den Fisch herausnehmen und möglichst weitgehend von den Gräten befreien. Mit der Hautseite nach unten in ein Gefäß legen. Aus dem Sud mit Hilfe der Gelatine Aspik herstellen und warm über dem Fisch verteilen. Im Kühlschrank erstarren lassen. Das Ganze lässt sich leichter aus der Form stürzen, wenn man die kalte Form vor dem Anrichten kurz in heißes Wasser stellt, einen Moment wartet und erst dann kippt. Stilecht nach Rügener Art mit Röstkartoffeln und einem knackigen Eisberg-Salat servieren.

●● traditionell - braucht Vorbereitungszeit

Kalorien pro Portion: ca. 240

Frühe Happen

Die ersten Hornhechte im April sind immer die größten. Und sie haben schöne Filets. Zwei zusammenklappen, dazwischen Estragon streuen – das ergibt leckere Happen.

Zutaten für 2 Personen:

- 4 Hornhechtfilets
- 40 Gramm Butter
- 2 Bund Estragon
- 2 Teelöffel Senf
- 1/8 Liter Weißwein
- 1/8 Liter Gemüsebrühe
- 1/4 Liter Sahne
- 1 gehäufter Esslöffel Mehl
- Salz, Pfeffer, Zucker
- Zitronensaft

Zubereitung:

Fische ausnehmen, Mittelgräte heraustrennen, Kopf und Flossen abschneiden. Die Filets auseinanderklappen, auf die Hautseite legen und beide Innenseiten dünn mit Senf bestreichen, pfeffern und salzen und mit gehacktem Estragon bestreuen. Zusammenklappen und in ca. 5 cm lange Stücke schneiden. Eine Form fetten, die Fische hineinlegen und zusätzlich etwas Gemüsebrühe (etwa zwei bis drei Esslöffel) angießen. Im vorgeheizten Ofen bei 200 Grad etwa 20 Minuten garen. Für die Soße die Butter schmelzen, Mehl einstreuen und aufschäumen lassen. Mit Wein und Brühe ablöschen. Dann die Sahne einrühren. Einmal kurz aufkochen lassen und mit dem Estragon und den Gewürzen gut abschmecken. Die Fische auf eine Servierplatte legen, kleine Pellkartoffen am Rand verteilen, die Soße über den Fisch gießen und das Gericht mit einigen Stängeln Estragon dekorieren.

● einfach - gehaltvoll

Kalorien pro Portion: ca. 750

Wolfsbarsch

Gern gesehener Kämpfer – an der Angel und auf dem Teller.

Wolf vom Grill

Wolfsbarsche sind kein alltäglicher Fang. An Dänemarks Westküste gingen zwei Portionsfische an den Haken. Leider sind die delikaten Fische nur Sommergäste in der Nordsee.

Zutaten für 2 Personen:

2 Wolfsbarsche
300 Gramm Champignons
250 Gramm Schalotten
300 Gramm Kartoffeln
1 TL Essig
Öl
Salz, Pfeffer,
Paprikapulver,
Thymian, Majoran
Zur Dekoration:
8 Kirschtomaten
1 Zitrone

Zubereitung:

Eine feuerfeste längliche Form mit Fett einreiben. Backofen auf 200 Grad vorheizen. Die küchenfertigen Fische von innen und außen salzen und pfeffern und in die Schale legen. Mit Öl beträufeln. Garzeit im Backofen ca. 30 Minuten.
Inzwischen die zuvor gewürfelten Champignons in Öl bei starker Hitze anbraten, die Gewürze hinzufügen und mit einem Esslöffel Essig ablöschen. Schmoren, bis die Flüssigkeit verdampft ist, dann aus der Pfanne nehmen. Schalotten vierteln, Kartoffeln schälen und in Würfel schneiden. In Öl gar schmoren und mit Paprikapulver bestreuen. Die Fische in eine flache Schale legen, die Gemüsemischung darauf verteilen. Die Cherry-Tomaten halbieren und um das Gericht dekorieren. Zur Verzierung zwei bis drei Zitronenscheiben auf den Wolfsbarschen verteilen. Ein Salat und ein Dip runden das Gericht ab.

●● für ganze Fische - würzig

Kalorien pro Portion: ca. 480

Meeräsche

Noch ein Sommergast, den man ungern wieder ziehen lässt.

Heißer Sommergast

Meeräschen sieht man häufiger an unseren Küsten. Sie sind ganz schwer zu fangen, aber lohnen jede Mühe. Ihr grätenfreies Fleisch verträgt sich gut mit mediterranen Zutaten.

Zutaten für 2 Personen:

1 Meeräsche ca. 1 kg
2 Süßkartoffeln je 100 g
4 mittelgroße Tomaten
1 große Zwiebel
150 g Champignons
8 grüne Oliven
30 g Butter
2 EL Balsamico-Essig
1 Zitrone
Bratfett
Je 1 Zweig Rosmarin, Thymian, Majoran, Estragon
Salz und Pfeffer

Zubereitung:

Meeräsche filetieren. Die gewaschenen und trocken getupften Filets auf die Hautseite legen. Mit Salz, Pfeffer und Zitronensaft würzen. Die Kartoffeln schälen und in ½ cm dicke Scheiben schneiden. Die Tomaten aushöhlen. Zwiebeln, Oliven und Champignons würfeln und scharf anbraten, pfeffern und salzen und mit dem Essig ablöschen. So lange schmoren, bis die Flüssigkeit vollständig verdampft ist. Die gehackten Kräuter unterheben und die Tomaten mit dem Gemisch füllen. Backofen auf 200 Grad vorheizen. Ein Blech fetten, die Kartoffeln salzen, auf dem Blech verteilen und ca. 6 Minuten backen. Kartoffeln wenden und etwas an den Rand schieben. Die Filets mit der Hautseite nach oben in die Mitte des Bleches legen. Butterflöckchen und den Rest der Gemüsemischung darauf verteilen. Die Tomaten hinzufügen. Das Ganze noch einmal 20 Minuten garen.

●● etwas aufwändig – raffiniert

Kalorien pro Portion: 560

Zutaten für 4 Personen:
1.000 - 1.200 g Weißfische
50 ml Olivenöl
1 Stange Lauch
2 mittelgroße Möhren
3 Stängel Sellerie
(ersatzweise 1 Stück Sellerieknolle)
5–6 Stängel krause Petersilie
1 mittelgroße Zwiebel
250 ml trockener Weißwein
1 Lorbeerblatt
10–12 schwarze Pfefferkörner
Salz
250 ml Hühnerbrühe (Instant)
1 Liter warmes Wasser

Einlage:
450 g geschälte Krabben oder Shrimps

Fischklößchen:
400 g Fleisch von den Weißfischen
1 Eiweiß
1 Eigelb
150 ml süße Sahne
2 Messerspitzen weißer Pfeffer
1 gestr. TL Salz
1 EL feingeschnittener Dill
Beilage: Baguette

Rezept und Foto: IDK

Ganz groß mit Kloß

Mal wieder reichlich Döbel oder Rotaugen gefangen und keine Abnehmer? Kein Problem. Aus den Filets machen wir Klöße, der Rest kommt in die Suppe. Das Ganze macht zwar Arbeit, ist aber ausgesprochen lecker.

Zubereitung:

Weißfische ausnehmen und filetieren. Bauchgräten auslösen. Köpfe, Mittelgräte und Abschnitte beiseitelegen.
Zuerst den Fischklößchenteig herstellen. Das Fleisch in Stücke schneiden, in den Messeraufsatz der Küchenmaschine geben. Eiweiß steif schlagen, mit dem Eigelb, der Sahne, Pfeffer und Salz zu den Fischstücken geben und alles pürieren. Fischmus in eine Schüssel geben, im Kühlschrank kühlen. Dill zufügen und mit einer Gabel einarbeiten.
Das Gemüse putzen. Ein Stück Lauch und eine Möhre in dünne Scheiben schneiden und beiseitelegen. Das übrige Wurzelgemüse klein schneiden. Im großen Kochtopf das Olivenöl erhitzen, darin bei mittlerer Hitze die beiseite gelegten Fischabschnitte zusammen mit dem geschnittenen Wurzelgemüse unter ständigem Rühren anschmoren.
Nach fünf Minuten Weißwein angießen, Lorbeerblatt, Pfefferkörner und Salz zufügen. 5–6 Miuten köcheln lassen. Mit Hühnerbrühe und Wasser aufgießen.
Ca. 30 Minuten köcheln lassen, dann die Suppe durch ein Tuch seihen und warm halten. Einen Teil der Suppe in einem Stieltopf erhitzen. Aus dem Fischmus mit dem Eisportionierer Klößchen formen und im Stieltopf garen. Mit dem Schaumlöffel herausnehmen und warm halten. Fischsuppe erhitzen, Shrimps und beiseite gelegte Scheiben von Lauch und Mohrrübe zugeben. Ca. 1 Minute köcheln lassen. Fischklößchen in die Suppe geben. Sud aus dem Stieltopf durch ein Haarsieb zugießen.

●●● aufwändig - variabel
Kalorien pro Portion: ca. 960

● = Einfach ●● = Etwas aufwändiger ●●● = Braucht Zeit

Eine Suppe für alle(s)

Um liebe Gäste einmal so richtig zu verwöhnen, kann ich diese Fischsuppe wärmstens empfehlen.

8-10 Personen:

500 g Aal
300 g Lachs
500 g Zander
750 g Dorsch
300 g Hecht
1 Portions-Karpfen
(Sie können natürlich auch andere Fischarten probieren – je nachdem, was die Kühltruhe und das Angelgewässer hergeben)
5 große Kartoffeln, ca. 700 g
1/2 Knolle Sellerie
2 Stangen Porrée
2 Zwiebeln, gewürfelt
1 Tube Tomatenmark
1 Paket gestückelte Tomaten
1 Würfel Gemüsebrühe
2 Gläser Weißwein (halbtrocken)
1 Esslöffel rote Pfeffersoße oder Cayenne-Pfeffer

Tipp: Scheuen Sie sich nicht vor der großen Menge Zutaten, falls Sie nur wenige Gäste erwarten! Denn wenn etwas von der Fischsuppe übrig bleiben sollte, können Sie die Reste sehr gut in kleinen Portionen einfrieren und später der Familie ohne große Vorbereitungen als warmen Höhepunkt eines Abendessens servieren. Auftauen und aufwärmen - fertig!

Zubereitung:

Aus 4 Liter Wasser und einer Gewürzmischung (10 Pimentkörner, 4 Lorbeerblätter, 2 EL Senfkörner, 20 Pfefferkörner, 10 Wacholderbeeren und 2 Esslöffel Salz) einen Sud herstellen. Die Fische darin gar ziehen lassen, das Fleisch von Haut und Gräten lösen. Kartoffeln, schälen, würfeln und knapp gar kochen. Sellerie und Zwiebeln würfeln, Porrée in Ringe schneiden. Das Gemüse nacheinander in Öl knapp gar schmoren. Den Sud durch ein Sieb in einen großen Topf gießen. Alle Zutaten hineingeben; zum Schluss die grob zerpflückten Fische. Kräftig abschmecken. Dazu passen Baguette-Brot und Bier.
●●● sättigt (viele) Gäste - lässt sich einfrieren

Party-Time: Mit dieser Fischsuppe ist man auf eine grössere Anzahl Gäste eingestellt. Und keiner wird den Tisch hungrig verlassen...

Scharfe Barsche

Kleine Barsche sind an der Angel meist eher ärgerlich. In der scharfen Tomatensuppe jedoch sind sie heiß begehrt.

Zubereitung:

Den Barschen die Haut mitsamt Schuppen abziehen. Kopf und Flossen abschneiden, Bauchhöhle ausnehmen und säubern. Den Sud ansetzen und einmal aufkochen. Die Fische hineinlegen und rund 20 Minuten gar ziehen lassen. Dann die Barsche wieder aus dem Sud nehmen und das Fleisch von den Gräten lösen. Inzwischen die Möhrchen schälen und in Scheiben, den Porree in Ringe schneiden, Knoblauch und Bärlauch hacken. Alles in zwei Esslöffeln Speiseöl knapp gar dünsten. Die Gewürzmischung im Teebeutel aus dem Sud nehmen. Tomatenpüree und Tomatenmark, Gemüse und Fischstücke in den Sud geben. Die Suppe vorsichtig mit der roten Pfeffersoße, dem Cayennepfeffer, Sherry, Zucker, Salz und Pfeffer abschmecken. Dazu passt frisches Baguette.
●● Schärfe gut dosierbar
Kalorien pro Portion: ca. 300

Zutaten für 6 Personen:

12 bis 14 kleine Barsche
1 Bund Möhren
1 Bund Porree
2 bis 3 Knoblauchzehen
1 Bund Bärlauch
1 Paket Tomatenpüree
1 Tube Tomatenmark
1-2 Gläschen Sherry
2 Esslöffel Öl
Gewürze: rote Pfeffersoße, Cayennepfeffer, Zucker, Salz und Pfeffer nach Geschmack

Für den Sud:

2 Liter Wasser,
0,25 Liter Weißwein
0,25 Liter Gemüsebrühe
1 Teelöffel Zucker
1 Esslöffel Salz
1 Zwiebel
Gewürzmischung (im Beutel): 8 Pimentkörner, 1 Esslöffel Senfkörner, 5 getrocknete Chilischoten, 10 Pfefferkörner, 3 Lorbeerblätter.

Salat-Imitat

Haben Sie schon einmal einen Heringssalat ohne Heringe gegessen? Okay, er sieht nur aus wie ein klassischer Heringssalat, aber er schmeckt genauso gut. Marinierte Rotaugen machen's möglich.

Zutaten für 4 Personen:

250 g marinierte Rotaugen-Filets (Rezept siehe Seite 59)
2 Kartoffeln
1 Glas Rote Beete (Abtropfgewicht 220 g)
2 Gewürzgurken
1 mittelgroßer Apfel
1 große Zwiebel
3 EL Öl
schwarzer Pfeffer aus der Mühle
Salz

Zubereitung:

Kartoffeln schälen, gar kochen und würfeln. Rote Beete, Gewürzgurke, Apfel und Zwiebeln ebenfalls würfeln. Alle Zutaten miteinander mischen. Salz und Öl hinzufügen, den Pfeffer darüber mahlen. Die in grobe Stücke geschnittenen Filets vorsichtig unterheben. Auf Portionsteller verteilen und mit einem hübschen Rand aus Petersilie dekorieren. Roggen-Toastbrötchen sind eine passende Beilage.

●● originell - etwas aufwändig

Kalorien pro Portion: ca. 140

Beste Reste

Was macht man mit Fisch-Resten vom Mittagessen? Einen Salat für den Abend! Das ist keineswegs ein Provisorium! Diese beiden Salate eignen sich sogar als Vorspeise für ein festliches Menü.

Zutaten für 4 Vorspeise-Portionen:

Dorsch-Salat

250 Gramm Dorschfleisch (ohne Haut und Gräten)
100 Gramm Champignons
2 Stangen Lauchzwiebeln
100 Gramm Tiefkühlerbsen

Für die Marinade:

100 Gramm Miracle-Whip Balance
2 Esslöffel Kaffeesahne 10%ig
1 Esslöffel Curry (gestrichen)
1 EL Zitronensaft

Zutaten für 4 Vorspeise-Portionen:

Lachs-Salat

200–250 Gramm Lachs (auch Forelle oder ähnliche Fischarten)
100 Gramm Tiefkühlerbsen
1 kleine Dose Mais
1 Lauchzwiebel
1 Esslöffel Schnittlauchröllchen

Für die Marinade:

100 Gramm Miracle-Whip Balance (16 % Fett)
2 EL Kaffeesahne, 10%ig
1 EL mittelscharfer Senf
Salz, Zitronensaft, 1 Prise Zucker (nach Geschmack)

Zubereitung:

Tiefkühlgemüse rechtzeitig auftauen, Dosengemüse abtropfen lassen und Frischgemüse kleinschneiden. Zutaten für die Marinade gut mischen. Fischstücke und Gemüse zugeben und den Salat einige Zeit kühl stellen.

● beide Salate gelingen leicht (und überall)

Kalorien pro Portion: ca. 300

Tipp:

Von der Fladenbrot-Marinade ruhig eine größere Portion herstellen. In einem verschlossenen Gefäß hält sie sich im Kühlschrank ca. 3 Wochen.

Frische Filets

Knackig-knusprige Filetstreifen auf frischem Salat sind die Krönung eines gemütlichen Spätsommerabends.

Zutaten für 4 Personen:

400 Gramm Filet vom Wels (oder anderen festfleischigen Süßwasserfischen)

1 Paket Tiefkühl-Garnelen

1 Paket Feldsalat

1 Paket Radicchio-Salat

200 Gramm Champignons

1 Esslöffel Butter

4 Esslöffel Olivenöl

4 Esslöffel Balsamico-Essig

Salz, Pfeffer, Zucker, etwas Mehl

Zubereitung:

Die Salate waschen, trocken schleudern und auf vier Teller verteilen. Die Champignons nicht zu klein würfeln, in Öl kräftig anbraten, pfeffern, salzen und mit 2 Esslöffeln Balsamico-Essig ablöschen. Warmstellen. Die Filets in Streifen schneiden, salzen, pfeffern, in Mehl wenden und in der Butter goldbraun braten. Zwei Esslöffel Öl in die Pfanne geben und die Garnelen darin gut durchbraten. Alles auf die Teller verteilen.

Zwei Esslöffel Balsamico-Essig zu dem Bratfett geben und die Soße mit Zucker, Salz und Pfeffer pikant abschmecken. Auf die Portionen verteilen. Dazu passt ein würziges Fladenbrot.

●● schnell - raffiniert

Kalorien pro Portion: ca. 380

Würziges Fladenbrot:
Eine Marinade herstellen aus Öl, Kreuzkümmel, Paprika, Knoblauch, Salz und Cayenne-Pfeffer. Ein türkisches Fladenbrot längs halbieren, mit der Marinade beträufeln und mit Sesam-Saat bestreuen. Einige Minuten übergrillen.

Alle Fisch-Rezepte

in alphabetischer Reihenfolge

IMPRESSUM

ISBN 978-3-440-12305-8

REDAKTION
Richard Lütticken (verantw.)
Texte und Fotos (sofern nicht anders erwähnt): Inge Koch, Karl Koch
Titelbild: Studio Frisch
Foto Vor- und Nachsatz Christof Salata/Kosmos
Zeichnungen: Jürgen Scholz
Schlussredaktion: Claudia Otero Davila, Helga Strelow

GESTALTUNG
Klaus Kuisys, JTSV

HERSTELLUNG
Oliver Dohr, JTSV

LITHOGRAPHIE
Gass medientechnik, Hamburg

Printed in Czech Republic/
Imprimé en République Tchèque

KOSMOS.

F(r)isch auf den Tisch.

Räucherdelikatessen

Ob selbst gefangen oder frisch gekauft – jeder Fisch wird durch Räuchern zum Festschmaus. Alles was Sie über Techniken, Geräte und Zubehör wissen müssen, von der Räuchertonne „Marke Eigenbau" bis zum Profi-Räucherschrank, erfahren Sie in diesem Klassiker.

Rehbronn • Reiter • Strohmeier |
Das Räuchern von Fischen
192 S., zahlreiche Abb., €/D 12,95
ISBN 978-3-440-11095-9

Räuchern – Grillen – Feuerküche

Probieren Sie gebratenen Fisch aus der „Stockpfanne", Steckerlfisch vom Grill oder gold-glänzende Forellen. Jürgen und Petra Lorenz sind ausgewiesene Räucherspezialisten und stellen die besten Techniken und Methoden vor, Fisch zu räuchern, zu grillen oder zu garen.

Jürgen und Petra Lorenz |
Das große Buch vom Fische räuchern
176 S., 229 Abb., €/D 19,95
ISBN 978-3-440-11430-8

www.kosmos.de/angeln

Angelerfolg.
Schritt für Schritt.

Das trifft Ihren Geschmack

Schauen Sie Fischereiberater Dr. Peter Wondrak über die Schulter, wenn er seine heiß begehrten Karpfen, Aale und Forellen räuchert. Oder üben Sie sich mit Filets von Karpfen und Lachs im Kalträuchern: Jeder einzelne Zubereitungsschritt wird genau gezeigt. Erfahren Sie außerdem, wie Sie noch am Angelplatz eine delikate Grillmahlzeit zubereiten können.

Fische räuchern und grillen
DVD ca. 45 Min., €/D 19,95*
ISBN 978-3-440-10538-2

Weitere Titel aus der Reihe „Erfolgreich angeln"

Der Hecht
ISBN 978-3-440-11002-7

Angeln auf Zander mit Uli Beyer
ISBN 978-3-440-11640-1

Der Aal
ISBN 978-3-440-10501-6

Der Allroundangler
ISBN 978-3-440-10474-3

Forellen
ISBN 978-3-440-10476-7

Karpfen
ISBN 978-3-440-10537-5

Flugangeln
ISBN 978-3-440-10477-4

Meeresangeln
ISBN 978-3-440-10495-8

Der Barsch
ISBN 978-3-440-10536-8

Köder
ISBN 978-3-440-10534-4

Schleie
ISBN 978-3-440-10535-1

Plattfische
ISBN 978-3-440-10532-0

Spinnfischen
ISBN 978-3-440-10478-1

Friedfische
ISBN 978-3-440-10531-3

Salmoniden
ISBN 978-3-440-10530-6

Big Game
ISBN 978-3-440-10529-0

Brassen
ISBN 978-3-440-10528-2

Rotauge
ISBN 978-3-440-10527-6

Waller
ISBN 978-3-440-11995-2

Je €/D 19,95*

*unverbindl. Preisempfehlung
Preisänderung vorbehalten

KOSMOS.
Immer ein guter Fang.

Technik und Taktik

Aale zu fangen ist nicht leicht, denn meist spielt sich der Fang im Dunkeln ab, wenn die „Wasserschlangen" auf Raubzug gehen. Martin Wehrle erklärt die fängigsten Methoden und die zugehörigen Köder, damit auch Sie bald einen der schmackhaften Schlängler an Land bringen können.

Martin Wehrle | Der Aal

84 S., ca. 120 Abb., €/D 9,95
ISBN 978-3-440-11784-2

Die richtige Technik zu jeder Zeit

Forelle im Frühling, Barsch im Sommer, Hecht im Herbst, Huchen im Winter ... Welcher Fisch sich zu welcher Jahreszeit am besten ködern lässt, dazu liefert Bernd Taller zahlreiche Tipps. Sowohl für den alteingesessenen Petrijünger als auch für den Neueinsteiger erklärt er verständlich, welches die erfolgversprechendsten Plätze und Zeiten für die Fischwaid sind.

Bernd Taller | Wann beißt welcher Fisch?

112 S., ca. 100 Abb., €/D 8,50
ISBN 978-3-440-12086-6

www.kosmos.de/angeln